JN409036

손자와 춤추는
할아버지의 꽃피는
마음

손자와 춤추는 할아버지의 꽃피는 마음

초판 1쇄 인쇄 2011년 9월 30일
초판 1쇄 발행 2011년 10월 5일

지은이 | 조 돈
펴낸이 | 金泰奉
펴낸곳 | 한솜미디어
등 록 | 제5-213호

편 집 | 박창서, 김주영, 김미란, 이혜정
마케팅 | 김영길, 김명준
홍 보 | 김태일

주 소 | (우143-200) 서울시 광진구 구의동 243-22
전 화 | (02)454-0492(代)
팩 스 | (02)454-0493
이메일 hansom@hansom.co.kr
홈페이지 www.hansom.co.kr

값 8,000원
ISBN 978-89-5959-282-1 (03810)

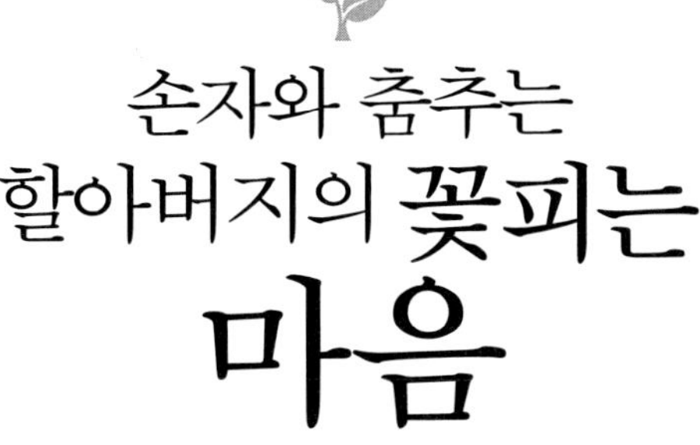

조 돈 지음

한솜미디어

| 머리말 |

참으로 오랜 세월 잃어버리고 있던 내 마음을 다시 열어보며 몇 자 적어보고 싶다.

삼십대에만 해도 각종 매체에 틈틈이 나를 돌아보고 음미하며 지냈는데 무엇이 나를 묶어 버렸는지 뚜렷한 이유를 찾아낼 수 없다. 오직 늦었으나마 다행인 것은 부연 안개가 걷히듯 내 심신을 다시 들여다볼 수 있는 것이 참으로 감사하고 기쁨이 아닐 수 없다. 생각만 하고 계획만 세우기를 수십 번이련만 막상 가슴 깊이 응어리져 있는 생각들을 쏟아 낼 수 있겠다 싶은 실낱같은 희망이 나를 흥분시키고 약간의 전율까지 일으키고 있으니 말이다.

그동안 못다 한 이야기나 생각들을 간추려서 잡다한 내용으로 써보고 내 가족들의 삶의 역사를 면면히 살펴보고 기록하고자 한 것이 단행본으로 만들어지게 되었다. 더불어 남은여생이 아니라 후반부 생을 영위하기 위한 새로운 선택을 시작하는 출발의 뜻도 함께 엮었다.

부디 깊숙이 꼭꼭 쌓아 두었던 마음을 펴내어 이 책에 쏟아 부어서 내 아들 딸 손자에게 전하고 싶은 간절하고 진실된 소망이 이루어졌으면 한다. 훗날 세월이 흘러서 할아버지의 마음이 티끌만큼이라도 내 손자들에서 보탬이 되었으면 하는 바람뿐이다.

조 돈

| 목 차 |

머리말 / 4

Part 01

손자들에게 들려주는 할아버지의 꽃피는 마음

- 감사(感謝)의 옷 _ 11
- 근검(勤儉) _ 14
- 내 탓이오 _ 17
- 도전과 모험을 즐겨라 _ 20
- 렌즈(Lense) _ 23
- 몰입 _ 26
- 바보처럼 살아라 _ 29
- 생명용품과 죽음용품 _ 32
- 성공의 길 _ 34
- 소통의 미학 - 거짓말 _ 37
- 습관(習慣) _ 40
- 시간을 재단하며 살다 _ 42
- 실패의 미학 _ 45
- 아름다운 것들 _ 49
- 웃음의 보약(補藥) _ 51
- 전나무와 삼각형 _ 53
- 행복의 보증 _ 56

Part 02

손자들에게 들려주는
할아버지의
삶의 가르침

- 기쁨의 얼굴 _ 61
- 이세효비(二世孝碑) _ 63
- 즐겁게 공부하라 _ 65
- 할머니의 인자(仁仔) _ 67
- 할머니의 피 _ 69
- 황금바위 _ 71
- 효부(孝婦) _ 74
- 꽃밭 _ 77
- 가족의 힘 _ 79
- 나의 현재 _ 81
- 눈물의 빈 통장 _ 83
- 매미의 울음 _ 89
- 면류관(冕旒冠) _ 91
- 섭생(攝生) _ 93
- 수목장(樹木葬) _ 96
- 싸움 _ 100
- 쓰레기 _ 103
- 홀아비 상상 _ 107
- 안빈지족(安貧知足) _ 110
- 어린이 날 _ 112
- 워메이 _ 115
- 이발 _ 118
- 인생의 전환점에 서 있다 _ 121
- 저녁 산책길에서 _ 125
- 죽음에 대해서 _ 127

■ 지난날의 반성 _ 131
■ 책을 선물하다 _ 133
■ 한 음계 낮게 _ 135
■ 횡재(橫財) _ 138
■ 고추 _ 141
■ 고향 _ 143
■ 교수가 된 아들 _ 146
■ 우리들 _ 149
■ 쓸고 닦는 일에서 차장 자리까지 _ 152
■ 10년 만의 이별 _ 155
■ 위험해서 그래요? _ 158

Part 03

가족들에게 전하는 할아버지의 따뜻한 사랑

■ 사랑하는 아내에게 _ 163
■ 막냇동생 인희에게 _ 166
■ 사랑하는 손자 세빈에게 _ 169
■ 사랑하는 손자 연수 보아라 _ 172
■ 사랑하는 손자 태규에게 _ 174
■ 연수, 태규에게 _ 177
■ 사랑하는 아들과 며느리에게 _ 180

책을 마치며 / 183

Part 01

손자들에게 들려주는

할아버지의 꽃피는 마음

할아버지는 너희들의 마음이 따뜻해지고
그래서 남을 더 많이 이해하게 되고 사랑하게 되며
나아가서 남의 잘못도 용서하게 되는 아름다운 사람이 되기를 바란다.
그래서 결국에는 상대도 나에게 마음을 열고 잘못을 뉘우치는 따뜻한
관계가 만들어져서 인간관계의 꽃을 피우게 될 것이라고 믿는단다.

감사感謝의 옷

우리가 살아가면서 일이 잘 안 풀리고 상대방과 의견이 안 통할 때 속이 상하고 화가 나며 마음이 어두워지기 쉽다. 이와 반대로 일이 뜻한 바대로 이루어지며 생각지도 않은 좋은 일이 이루어지고 남으로부터 도움을 받거나 칭찬을 들으면 마음이 즐거워지고 기분이 좋아지기 시작한다.

이런 현상은 인간이 기본적으로 지니고 있는 욕구 중에서 남에게서 인정받고자 하는 본능이 있기 때문이다. 그래서 남이 나를 소홀이 하고 외면하며 무시할 때는 그 본능의 욕구가 폭발하여 자신을 괴롭히고 마는 화를 내고 분노하며 스스로를 학대하는 바보짓을 하게 될 것이다. 그래서 할아버지는 감사한 마음의 울타리를 항상 몸에 두르고 생활하는 습관의 옷을 입고 살기 바라는 마음이다.

아무리 사소한 일이라도 감사한 마음의 옷을 입고 사는 사람은 모든 일을 고맙고 감사하게 생각하며 스스로 평온하고 만족스럽게 만들어서 행복하게 살아갈 수 있으며 하느님으로부터 축복을 받는다고 생각한다.

사촌이 논을 사면 배가 아프다는 우리의 속담이 있단다.

왜 한 조상의 자손인데 그 사촌이 잘되면 속이 상할까? 그 이유가 무엇일까 생각해 보았더니 그 밑바탕에 깔려 있는 심리는 남이 나를 인정하기는커녕 내가 먼저 남을 인정해야 하는 현실이 못마땅한 욕구 불만족에 본능의 일환이 아닌가 생각된다. 이런 남을 시기하고 질투하는 못된 병을 치유하는 길이 감사하는 마음의 옷을 입고 산다면 해결되지 않을까 한다.

남을 질투한다 해도 그도 나도 달라지지 않으면 나만 마음이 상하는 손해 보는 행동이기 때문이다. 범죄율이 세계 최저인 오스트리아 국민들은 "축하합니다"라는 말이 입버릇처럼 몸에 밴 국민이라고 한다. 심지어는 옆 사람이 재채기만 하여도 "신의 가호가 당신에게God Bless you"라고 말을 한다니 얼마나 따뜻한 마음가짐이 아닌가. 우리가 배워야 할 전통이라고 생각한다.

우리나라도 이젠 '감사합니다, 미안합니다, 축하합니다'라는 말이 유행되고 있으나 내가 학생 시절인 50년 전만 해도 그런 말을 들어보기가 어려웠다.

일본에서 100개 넘는 상장사에 투자한 대부호 다케다竹田(가호) 씨는 '다마고 보로' 과자회사의 경영자로서 그 회사의 번영의

비밀을 밝히기를, 전 직원의 감사한 마음 때문이라고 했다는구나. 우스운 이야기일지는 몰라도 공장에서 생산되는 신규 과자 제품을 보고 전체 직원이 정렬하여 '감사합니다'를 제창하며 인사를 한다는구나.

과자를 만드는 사람의 심리적 행복 파동이 물건으로 전달되어 제품에 행복감이 스며들고 따라서 제품이 놀랍도록 잘 팔린다고 했다. 심지어 화내는 사람의 숨을 담은 용기에 모기를 넣으면 금방 죽고 마는데, 웃는 사람의 숨을 담은 용기에 넣은 모기는 오래도록 살아 있다는 실험을 해 보이며 직원들을 격려하는 지혜로운 경영자였고 부를 누릴 만한 사람이라 믿어진다.

감사하다는 말을 하루에 3,000번씩만 해보면 바로 당신의 인생이 달라진다는 유명한 이야기도 있단다. 더 재미있는 것은 공장 안에 '감사합니다'라는 녹음테이프를 24시간 틀어 놓고 있으며 매출이 폭발적으로 늘어났다는 사실이다. 마음이 따뜻해지고 그래서 남을 더 많이 이해하게 되고 사랑하게 되며 나아가서 남의 잘못도 용서하게 되는 아름다운 사람이 될 것이다. 결국에는 상대도 나에게 마음을 열고 잘못을 뉘우치는 따뜻한 관계가 만들어져서 인간관계의 꽃을 피우게 될 것이라고 믿는다.

근검勤儉

일기예보에서 오늘도 한낮 더위가 최고 33℃라고 하니 올해에는 무더위가 일찍 찾아오기 시작하였다. 한낮 외출을 삼가라 하여 조반을 마치고 오전 중 안산으로(B코스) 산책을 나서서 꽃밭의 중턱에 자리 잡은 명상의 계단에 앉아서 내 자손들에게 건네고 싶은 마음을 정리해 보고자 한다.

첫 번째로 근勤이다.

이는 부지런함이란 뜻이고, 검儉은 알뜰하다는 의미다. 부지런하고 알뜰함에 따르는 결과는 재물을 모으는 부자가 된다는 뜻이 있다 하겠다. 흔히들 큰 부자는 하늘이 내준다는 말이 있으나 근검에는 가난을 멀리 보내고 기본적인 물질을 누리고 살 수 있는 근간이 있다고 생각한다.

선조시대의 사상가이며 실학자인 다산 정약용 선생이 두 아들에게 남긴 유언 중에 "너희들에게 남겨줄 재물이 없으나 근과 검이라는 두 글자를 남겨 놓을 수 있으니 다행이다"라고 하시면서 운명하셨다는 유명한 일화가 있었다.

나는 한국에서 21세기의 제일 부자인 현대그룹의 창시자 정주영 회장의 실천적인 사례를 알고 있다. 그분은 아침 6시에 기상하여 걸어서 제일 먼저 회사에 출근하시고, 구두 한 켤레로 수리해 가면서 13년을 신고 다니셨던 분이며, 양복 한 벌로 수십 년을 입으셨던 무섭도록 검약하시고 놀랍도록 부지런하신 존경스럽기까지 한 분이셨다. 양식이 있는 사람이면 그분의 근검정신에 감동과 경의를 표하지 않을 수가 없었다.

할아버지가 초등학교 시절에 마당에 떨어진 곡식 낱알을 한 알씩 주워 담으신 증조할아버지를 보았고, 흐르는 냇물도 아껴 써야 한다는 가르침을 받은바 있다. 농경사회의 당시에 증조할아버지는 재산이 크지 않았으나 인근 동네에서는 부자로 칭송되기도 하셨단다.

사랑하는 손자들아!

부지런하게 몸을 움직이면 건강에 도움이 되고 하는 일들이 잘 이루어지는 성취감을 느끼게 되며 더불어 의욕이 활성되어 또 다른 더 큰일을 이루고 싶어지는 욕망이 발동되는 것이다. 즐겁고 재미있고 부지런한 것이야말로 현대 사회에서도 기본이 되는 삶의 진리인 것이다.

두 번째로 검儉이다.

검소하고 절약함은 물질이 아무리 넉넉하여도 생활의 바탕으로 실행해야 할 덕목이라 믿는다. 필요한 만큼 쓰고 남은 여유분은 불쌍한 이웃을 돕는 데 쓰는 선행을 베풀어야 하는 철학을 가져야 한다.

의식주의 기본이 해결되고 나면 그 이상의 것은 이웃에게 나누어 인仁을 베풀어야 한다. 그렇게 하는 자는 더 크고 많은 복을 받고 마침내는 예상치도 않은 기적 같은 은혜를 받게 된다는 성경의 가르침이 있다고 했다.

할아버지는 너희들이 돈독한 신앙 속에서 커 왔기 때문에 훌륭한 생각으로 성장하리라 믿고 있으나 노파심에서 걱정하는 가르침이라 여기면서 사소한 일에서부터 부디 더욱 노력해 보길 바란다.

내 탓이오

'탓'이라는 어휘의 뜻은 부정적으로 생긴 일의 원인이라고 했다. 구실이나 핑계를 삼아 일이 안 되는 것을 남의 잘못으로 여긴다고 국어사전에 쓰여 있다.

우리는 흔히 모든 잘못된 일이 남의 탓이라 여기며 현재 잘못되고 있는 이유를 남에게 돌리는 습관이 있다. 내가 잘못되면 조상 탓이라거나 가정환경 탓이라거나 심지어는 사회의 탓이라 여기며 지금의 잘못된 자신을 위로하고 그 고통에서 탈피하려는 심리적 요인이 있다. 좀처럼 자기 탓이 아닌, 즉 내 탓이라는 생각을 인정하려 들지 않는다.

이와 반대로 일이 잘되고 만족스러울 때 남의 덕이 아니라 자기가 잘해서 일어난다고 믿고 마는 잘못을 범하고 있다. 남이 도와서 잘됐다고 생각하는 데에 아주 인색하게 된다. 우리가 주목할 것은 모든 사건과 그의 결과는 원인이 있게 마련인데 꼭 그 원인을 자기 외적인 존재에서 찾고 싶어지기 때문이다.

나는 훌륭하게 성공을 거두며 발전하고 있는 사람을 지켜보면서 그들이 남을 탓하면서 불평하는 태도를 본 적이 없으며 모든 역경을 스스로 헤쳐 나가는 용기 있는 자세를 많이 보았다. 성격에서도 모든 잘못이 '내 탓이오' 하라는 교훈이 있으며 불가에서도 '자자일自恣日'이 있어서 자신의 허물과 죄를 고백하고 참회하면서 용서를 비는 의식을 행한다고 했다.

사람이 태어날 때부터 지혜롭고 영특하여 모든 사리를 스스로 깨우치는 사람이 있고 배우고 익혀서 깨우치고 터득하는 자가 있으며 어렵게 애쓰고 부단하게 노력하여 실행하는 자가 있다고 했다. 너희들이 학생 신분으로 공부할 때 성적이 나쁘면 선생이 잘못 가르쳐서 또는 참고서가 안 좋아서 여러 가지 이유를 들어서 탓 거리를 찾아 스스로를 위안하며 남의 탓이라는 함정에 빠지는 바보 같은 짓을 하고 있다. 그러나 할아버지는 자신에게서 그 탓을 찾아야 할 것이라고 믿는다.

내가 잠을 한 시간 더 잤기 때문이라든가, 수업시간에 선생님의 가르침에 집중하지 못했다든가, 예습이나 복습이 부족했는지의 탓을 찾아서 고쳐 나가면 성적은 반드시 좋아지고 남을 탓하는 어리석은 사고를 버릴 수 있다고 믿는다.

인간관계에서도 상대방의 과오나 태도에서 마땅치 못한 점을 찾기보다는 내가 상대방에게 하는 행동이나 태도를 반성하고 고쳐 나가면 그 관계는 부드러워지고 마침내는 탓의 반대인 '덕德'을 입을 수 있기 마련이다. 남이 나를 돕고 그 은혜를 받으면 그 힘은 두 배, 세 배가 되어서 나를 발전시키는 원동력이 될 것이라고 생각된다.

사랑하는 손자들아!

사소한 사고의 관점을 바꾸어서 실행하고 습관하는 길이야말로 성공된 삶의 길로 가는 왕도王道인 것이다. 할아버지가 지난날 깨닫지 못하고 실패한 잘못을 거울삼아서 다시는 어리석음을 범하지 않길 바라는 마음이다.

도전과 모험을 즐겨라

며칠 전 한국을 빛낸 인물을 소개한 TV을 보았다. 외교관 최영진 씨를 소개한 내용이다.

아프리카에 있는 내전지역 코트디부아르 국가에 UN평화 유지군의 사령관으로서 UN 사무총장의 특별 보좌관 임무를 성공적으로 해냈으며 3,500명의 사상자를 낸 내전 종식을 이룬 동양인 최초의 특별보좌관의 사명을 다한 인물로 소개하더구나. 그가 외무고시를 합격한 순조로운 외교관의 길에서 UN이라는 국제기구를 지원하여 전쟁의 소용돌이 지역에까지 지원한 이유를 설명하길 도전과 모험을 즐긴 자신의 철학이며 신조였기 때문이라고 하더구나.

그는 평소에도 국제어인 영어는 기본이며 불어와 중국어, 일본어에 이르는 도전을 즐기며 학창생활을 보냈다고 고백하더구나. 그의 젊은 시절이 온통 도전과 모험의 세월이었더구나.

태규야, 세빈아!

할아버지는 너희들의 우수한 학습능력을 믿으며 행복하게 지내왔단다. 그 믿음이 과거는 물론 미래까지도 믿고 싶구나. 기억하고 학습하는 능력이 우수한 것은 먼저 거쳐 간 사람들의 뒤를 밟아가는 모양으로 비록 주변의 동료 친구들 중에 앞서는 집단에 속할 뿐 성공의 계량은 미정 수준에 머물러 있게 된다.

세계 각지의 수재들이 모이고 미국의 고등학교 최고 학생들이 모인 하버드 대학 졸업생들 중 93%가 제2권역에서 사는 인물이 되고, 7%만이 제3권역에서 일하는 성공한 인재가 되었다고 한다. 그 7%인 학생들에게는 항상 도전과 모험을 좋아하는 독특한 철학이 있었고 열정을 불태우며 인생을 살아간 성공한 사람들이었음을 통계로 증명하는 글을 보았단다.

인간개발전문가 지글러 박사에 의하면 정상에서 만난 사람들의 공통분모는 모두 열정을 품고 살아온 사람들이었음을 말하고 있다. 그 수준에서 벗어나고 전진하는 힘은 도전과 모험을 즐겨야만 가능하다고 본다.

인간이 태어나서 자신만을 위한 삶을 제1권역이라 한다면 가족과 가문을 위한 삶을 제2권역으로, 사회와 국가를 위한 삶을 제3권으로 구분 지을 때 너희들의 삶이 제3권역 속에서 평생을 보낼 수 있도록 애쓰고 최선을 다해야 할 것이다.

할아버지, 증조할아버지, 고조할아버지도 제2권역에서 평생

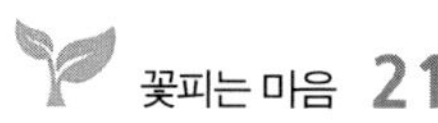

을 마쳤으니 평안과 안일만을 즐기며 보낸 결과일 뿐이다. 당시의 봉건사회에서는 삼강오륜이 인간의 기본이념으로 규정지어졌고, 오늘의 정보화 세계화 시대에서는 철학도 이념도 크게 변화되고 있다고 본다.

상상하는 힘, 즉 감성을 기르고 크게 하여 의지를 굳건하게 가져야만 성공을 이룰 수 있다고 본다. 내가 즐기고 하고 싶은 일을 하되 새로운 것을 만들어 가치를 창조하는 사람이었으면 한다. 창의적인 생각을 학문이나 또는 비즈니스로 옮기기 위해서는 끊임없는 학습과 연구가 요구될 것이며 그러한 노력과 실천이 이어졌을 때 변화가 따르게 되고 진정한 성공의 주인공이 될 수 있기 때문이다.

생명은 유한하기 때문 그리고 그 꿈이 언제일지 알 수 없기에 더욱 소중한 것이다. 하지만 아무리 생명이 소중해도 금괴처럼 쌓아둘 수 없으니 아깝더라도 시간은 흘러가고 있음을 명시해라. 열정 그것을 품고 살아야 할 것이다.

렌즈Lense

사람이 검은색 색안경을 끼고 세상을 보면 모두가 검정색으로 보이고, 파란색 안경으로 보면 온통 파란색으로 보인다. 이는 사물의 외형만을 나타내는 의미이겠으나 사물은 어떤 시각으로 보느냐에 따라서 그 형상이나 의미가 다를 수 있듯이 우리에게 일어난 사건도 생각의 차이에 따라 그 해석이 크게 다를 수 있다.

내 앞에 갑자기 자동차가 멈춰 설 때 보통으로 '하마터면 치어 죽을 뻔했다'고 불평하며 화를 낼 수도 있겠으나 '운 좋게 사고를 피하여서 생명을 건졌다'고 생각할 수도 있다. 병 속에 물이 반쯤 있을 때 물이 반밖에 없다고 불평할 수도 있으나 아직도 물이 반 병이나 남아 있다고 만족할 수도 있다.

해로운 태양광선이 오존층에서 걸러지듯이 모든 일은 심리적인 현상에 의해 좌우되기 마련이다. 불교에서도 일체의 사물은 마음먹기에 달렸다고 했다.

오늘도 나에게 좋은 일이 일어난다고 마음먹고 주술 외우듯 생각하면 멋진 하루를 끝낼 수 있게 된다는 사실을 스스로 깨닫고 놀라워하게 된다고 어느 심리학자의 글을 본 적이 있다. 그러나 실현 가능한 상상과 주술은 도움이 될 것이나 실현 불가능한 상상은 몽상이 되고, 몽상에 빠지고 난 후 자기도취에 흐르게 될 것이며, 비현실적인 목표를 세우고 그 기대감을 즐기며 만약이라는 상상을 한다면 결국 파멸에 이르고 만다.

나이가 들어 몸에 힘이 빠지면 정신이 몽롱해지고 모든 사리가 불투명하고 불확실해지며 따라서 미래가 두렵고 어둡기 마련이다. 그러나 청장년 시절에는 판단력도 분명하고 이에 용기가 뒷받침되어 모든 일이 볼록렌즈로 보는 것과 같을 것이다. 볼록렌즈로 사물을 선명하게 확대하여 볼 수 있고 빛을 한곳에 모으는 볼록렌즈의 힘으로 사물을 불태워 내 것으로 해야겠다는 생각을 갖기 바란다.

가지 않고 후회하기보다는 제자리에 돌아오는 한이 있더라도 일단 시도해 보고 후회하는 것이 더 낫다는 말이 있다. 실패를 두려워하는 마음은 성공할 수 없기 때문이다. 배는 항구에 매어 두라고 만들어진 것이 아니고 먼 바다로 나가 항해하는 데 그 목적이 있기에 일단 배를 항해해 나가야 한다. 안 된다는 생각 때문에 조바심을 내고 포기하는 것은 자신을 망치는 지름길인 것이다.

다른 사람이 할 수 있는 일을 왜 자신은 못한다고 생각하는가.

며칠 전 TV에서 해외에서 성공한 사람을 찾아 인터뷰를 했는데 23세에 여자의 몸으로 미국으로 건너간 라이트 하우스 그룹의 김태연 회장은 "He can do it, she can do it, Why not me?"라고 했다. 그녀는 현재 1천5백억 원의 년매출을 내는 회사의 주인이 되었다고 한다.

너희들은 의식주가 해결되는 기본 생존권을 이미 얻고 있으니 다음은 도전과 용기를 내어서 하고 싶은 일을 해 나가는 지혜로운 자가 되길 바란다. 할아버지가 하지 못한 일이 아프고 괴롭지만 후회한들 무슨 소용이 있겠느냐. 비록 실패한 할아버지 인생이지만 내 사랑하는 손자들이 그것을 교훈 삼아 가길 바라는 마음이다.

몰입

지금까지 위대하고 큰 업적을 이룬 사람들의 면면을 살펴보면 몰입과 집중의 태도를 습관화시킨 분들임을 알 수 있다. 국어사전에 '몰입'은 어느 한 가지 일에 깊이 빠져 들어간다고 했고, 한자 어원으로는 물이 한 구멍으로 빠져 드는 것을 의미하며, 영어로는 물이 흐른다는 의미로 flow라는 뜻을 지니고 있다.

공부를 할 때나 운동을 하거나 또는 예능을 할 때 한곳에만 온 정신을 쏟아 부어 일을 하게 되면 그 일이 가능해지고 그 태도가 꾸준하게 지속될 때 예기치 않는 큰 성과를 이루어 낸다고 믿는다. 바늘구멍에서 새어 나온 물이 지속될 때 큰 제방 둑이 무너진다는 평범한 속담이 있다. 위대한 화가 피카소는 12세 때부터 그림을 그리는 데 일생을 몰입하여 92세에 운명할 때까지 평생 5만 점의 그림을 그려 왔다고 했다.

어느 학자는 한 가지 일에 깊이 생각하고 그 한곳에 매달려서 천착하는 것이 몰입의 정의라고 했다. 기업에서는 현대건설이 처음에는 집 몇 채를 지어 파는 회사였으나 꾸준히 건설업에만 몰입한 결과 지금은 세계적인 건설업체로 자리 잡고 있으며 기아자동차 역시 처음에는 자전거를 조립하고 제조하는 회사로 출발하여 현재는 세계적인 굴지의 자동차 기업으로 성장한 것이다. 한 가지 일에만 집중하고 몰입한 결과라고 생각된다.

얼마 전에 골프 황제 타이거우즈의 인터뷰 중에서 기자가 골프 황제가 된 비결이 무엇이냐고 묻자 그는 집중해서 연구하고 몰입하여 연습한 결과 때문이라고 말하는 것을 들었다.

몰입 이론의 칙센트미하이 교수는 자기가 하고 있는 일에 집중하여 몰입하고 있을 때는 이 일이 세상에서 가장 중요한 일이라고 생각해야 하며 요구하는 수준 이상으로 관심을 기울이면 대수롭지 않은 일이라도 삶을 뒤바꾸는 중대한 사건으로 바뀌게 된다고 하였다. 그러나 대부분의 사람들은 요구하는 수준에 그 노력을 그치고 말며, 때로는 그것마저 충족시키지 못하고 포기하고 만다.

그래서 할아버지는 몰입에 덧붙이고 싶은 것이 있다.

너희들이 한 가지 일에 목표를 세우고 요구하는 수준을 정한 다음(예를 들어 나는 반에서 1등을 한다 또는 전교에서 수석을 한다) 이를 즐거운 마음으로 몰입해야 한다고 생각한다. 뇌 과학자들은 무언가에 몰입되었을 때 뇌의 호르몬 변화가 일어나는데 행복중추를 자극하는 도파민이 발생한다고 한다. 그러한 도파민이 주는 희열이 마약과 같아서 다른 가치들이 주는 즐거움보다 훨씬 크기 때문에 더 몰입하고 큰 성과를 낸다고 했다.

몰입이 없이는 인재가 될 수 없으며 몰입의 기쁨을 느껴야 인재가 될 수 있을 것이다. 가령 수학이나 영어공부를 즐거운 마음으로 시작하다 보면 조금씩 재미를 느끼게 되고 그 재미있는 마음이 지속될 때 놀라운 결과가 기다리게 된단다.

60년 전 시골 국민학교 졸업생인 할아버지가 목포에 중학생이 되었다. 당시에는 중학생이 되어서야 영어 알파벳을 처음 알게 되었고, 마침내 영어 교과서를 전부 외우게 되었으며, 나아가서 중학생용 영어사전(3천 단어)을 외우는 결과가 있었단다. 그래서 촌놈 출신인 내가 도내 학술경시대회까지 출전한 경험이 있단다.

지금 돌이켜 보면 몰입과 집중으로 즐겁고 재미있게 영어를 공부했기 때문이 아닌가 한다. 그러나 자만과 오만이 몰입된 태도를 방해하였고 끈기와 지구력의 부족으로 결국 실패하였음을 밝힌다. 일정한 요구 수준에 이르러서 만족하며 중단하고 마는 인간의 자만심이 얼마나 무서운 것인가를 체험하였기에 나는 사랑하는 손자들에게 꼭 이를 밝혀서 거울삼기 바란다.

바보처럼 살아라

중국의 대학자인 노자가 말하기를 '큰 지혜는 바보와 같다'고 했다. 이 말은 바보행세를 하며 살면 어떤 침해나 공격에도 영향을 받지 않고 흔들리지 않으며 피해 갈 수 있다는 뜻이다. 또한 자기의 참뜻을 감추고 숨기면서 살아가는 지혜를 의미한다고 생각한다. 시기하고 질투하며 남을 이기고 경쟁하며 살아가야 하는 현대에서 더욱 그러하다.

인간은 누구에게나 바보 본능이 있다. 이유 없이 홍얼거리고 미친 듯이 웃고 얼빠진 듯이 몸을 흔들고 싶은 충동이 있다. 아무런 대가 없이 베풀고 선행을 하고 싶은 충동이 있는 것이다.

우리나라에서도 의사 장기려 박사의 무료진료봉사의 바보 인생과 얼마 전 선종하신 김수환 추기경의 바보 철학이 세상을 떠들썩하게 하였다.

바보는 스스로 청량의 샘플을 품고 있어 삭막함을 해갈하고 특유의 우둔함이 어떤 바람에도 지킬 수 있는 방어벽을 형성하고 있다고 본다. 바보는 싸우지 않고 속이지 않으며 다른 사람들과 잘 지낸다는 믿음에서 세상을 따뜻하게 지켜 나가는 착한 마음을 지녔기 때문이다.

가까운 일본에서는 장인 문화의 기본이 되는 바보처럼 살아가는 '센몬빠가(전문바보)'의 전통이 있다. 기초분야의 한 분야에서 바보스럽게 몰입한 결과 노벨 수상자를 배출한 예가 있는데 시마즈제작소의 연구원(주임)인 노벨 수상자 다나카 고이치는 센몬빠가의 대표적인 인물이 되고 있다.

미 제7함대 사령관인 로젠버그 장군 역시 바보 장교시절의 유명한 일화가 있다고 들었다. 그가 해군 중위시절 말기 암환자의 진단을 받고 한 달 내에 죽는다는 의사의 선고에도 불구하고 사병이 하는 잡일에서부터 장교의 업무까지 전념하고 몰두하였단다. 그 결과 동료 장교들로부터 웃음거리가 되고 바보처럼 살아가는 삶 때문에 병의 치유는 물론 마침내 함대 사령관에 이르는 바보 인생의 본보기가 되었다고 한다.

스마트한 광고 내용보다 바보스러운 모습에서 미래를 내다보는 아이디어로 유명한 이태리 패션 브랜드 디젤 광고 역시 바보 발상으로 광고계의 유명한 성공 일화가 있다고 들었다.

옛날 중국에 유비라는 장수는 전쟁에 지고 돌아와서는 백성들 앞에서 비통한 울음을 보이며 그 백성들의 측은한 마음을 얻어

백성들이 더욱 그를 따르고 받아들여서 훗날 덕을 갖춘 명장으로 나라를 세웠다.

할아버지가 말하고 싶은 것은 너희들이 살아가면서 남에게 지고 빚져라. 그리고 잘해 주어라. 약삭빠르고 똑똑한 척 꾀가 있는 사람이 보면 꼭 바보처럼 보이더라도 바보스러운 행세를 하며 참뜻을 숨기면서 후일을 기약하는 것이 참으로 큰 지혜이기 때문이다. 그리고 인간의 제일가는 처세술이기도 하다.

미래는 지혜를 가진 자의 것이다. 너희들이 IQ(지능지수)가 남들보다 조금 앞설지라도 그건 기억이나 학습 또는 정리 능력이 우수할 뿐이지 미래형 두뇌인 감성지수나 의지지수가 앞서 가야 실제로 우수한 인재로 성장할 수 있기 때문이다. 상상하고 꿈을 그리며 창조하는 감성지수를 키우고 바보같이 우둔해 보여도 지속력 있는 의지지수를 더 바라는 것이다. 할아버지의 진정한 바람이다. 지능지수는 일정한 성공까지 앞설 수 있으나 그 이상의 대업은 바보처럼 우직하게 믿고 나아가는 의지와 감성의 밑받침이 확실하기 때문이다.

생명용품과 죽음용품

나무 중에는 가구나 건축 재료로 다듬어져 쓰이는 생명용품이 있는가 하면, 관이나 하수구에 쓰이는 죽음용품이 있다. 생명용품은 산사람을 위한 것이고 죽음용품은 시체나 하수구에 사용된다고 하겠다. 망자에게 쓰이는 수의용 삼베나 관을 만드는 관목은 그 종류에 따라 가격이 천차만별이지만 아무리 비싼 최고의 가격이라 해도 죽은 자와 함께 흙 속에 묻히는 동일한 운명인 것이다.

이 말은 죽음용품은 일회용도이며 누구에게 물려주거나 물려받는 대상이 아니며 관이나 난방용으로 쓰일 때에는 짧은 생명을 살아가는 일회성 물건에 불과한 것이다. 그러나 생명용품의 나무는 왕실의 가구나 침실의 화려한 용노로 다시 태어나기도 하고 자손에게 물려줄 수 있단다.

이렇듯 죽음용품이나 생명용품의 두 갈래 운명은 우리로 하여

금 참으로 많은 것을 생각하게 하는 것이다.

인생은 한 번밖에 없는 기회라는 의미에서 볼 때 모든 인간은 동등하게 태어나서 일생을 살아간다고 하지만 그 한 번뿐인 인생을 많은 사람에게 도움을 주고 세상을 아름답게 가꾸는 길에 서 있는 생명용품의 무리가 있을 것이고, 자기 욕망과 탐욕의 노예가 되어서 많은 사람을 해치며 허망스럽게 살아가는 불쌍한 죽음용품의 무리가 있을 것이다.

그래서 자기 인생을 어떤 용품으로 일굴 것인지는 바로 자신의 선택이며 결정 사항이 아닐까 한다. 철저하게 자기 자신의 소관으로서 부모나 학교나 사회가 책임질 수도 도움을 줄 수도 없는 문제이다.

세빈아! 죽음용품으로 사는 볼품없고 어리석은 바보가 아니길 바란다. 내 손자는 그런 우를 범하지 않으리라 믿는다.

성공의 길

6월의 중순에 접어드니 온 산이 푸르다 못해 검은 색을 섞어 놓은 듯 힘차게 보인다. 어제 내린 비로 일년초들이 자기 색깔을 선명하게 자랑하고 있으니 자연의 신비로운 조화가 경이롭구나.

사람이 태어나 철이 들면 모두가 '성공'이라는 두 자를 생각하며 보다 더 많이 돈을 벌어 부자가 되고 싶고, 보다 높고 크게 명예를 얻어서 세상에 이름을 알리고 싶은 욕망이 있기 마련이다. 누가 먼저 성공에 이를 것인가는 아무도 점치고 예측하기 어려운 일이지만 너희들에게 할아버지의 마음 중에 몇 가지만 유의하면서 지낸다면 그 길이 멀고 힘들지는 않을 것이라 믿는다.

헤밍웨이의 '바다와 노인'의 작품에서 노인 어부가 상어와 싸우는 의지와 집념이 성공으로 가는 태도라 생각한다. 그 책에서 희망을 갖지 않는 것은 어리석은 것이고 희망을 버리는 것은 죄

악이라고까지 했다.

중국산 대나무는 4년 동안 물을 주고 가꾸어도 성장하는 것을 알 수 없으나 5년째 그 크기가 무려 90피트로 자란다고 한다. 꿈과 계획을 이루는 데 비록 길고 멀다고 해도 힘들다고 중단해서는 안 된다. 그럴 때 포기하기가 쉬어진다.

인류를 이끄는 지도자 중에는 유대인 출신이 많다고 한다. 그들은 어렸을 때부터 '세마 이스라엘'이라는 인습을 배우고 익혀서 성년이 될 때까지 그 습관으로 산다고 한다. 무슨 일이든지 마음을 다하고 목숨을 다하고 힘을 다하여 거듭거듭 하라는 세 가지 습관이 이스라엘 민족의 전통적인 태도라고 한다. 시카고 대학교 교수의 70%가 노벨 수상자이며 그 반수가 유대인 출신이라 함은 훌륭한 습관이 성공의 증거라 할 수 있겠다.

미국의 심리학자 지글러 박사도 성공의 네 가지 요인 중 결정적 영향을 가지는 것이 훌륭한 습관이며 태도가 93%나 차지한다고 했으니 머리가 좋고 지식과 기술이 뛰어나도 습관을 만든 의지가 더 크다는 의미라 생각된다.

습관 중에 '위약僞藥 효과'라는 것도 있다. 좋은 결과를 성취하기 전이라도 성취한 것처럼 마음을 품으면 자연스레 실제로 성취된다는 '플라세보 효과' 말이다. 몇 번이고 강조하지만 꿈과 목표를 분명하게 결정하였으면 목숨을 다하고 힘을 다하여 거듭거듭 밀어붙이는 노력을 해야 할 것이다.

한 우물을 오래 파다 보면 물이 나온다는 평범한 진리가 있다. 물론 평생 동안 꿈과 열정을 품고 사는 일은 말처럼 쉽지 않다. 수많은 장애물을 이겨내고 저 멀리 빛을 보고 좇아가는 일이란 아무나 할 수 있는 일이 아니다. 그러기 때문에 꿈을 좇는 사람은 존경을 받아 마땅하고 우리에게 큰 감동을 주고 있는 것이다.

남에게 감동을 주고 남으로부터 사랑을 받는 인간으로 성장해 가는 사람이 되기를 간절하게 바란다.

소통의 미학 - 거짓말

 사랑하는 세빈아!

명심보감이란 책에 '사람을 이롭게 하는 말은 솜처럼 따뜻하지만 사람을 상하게 하는 말은 가시처럼 날카롭다'고 했다. 한마디 말을 잘 쓰면 천금과 같고, 한마디 말을 잘못 쓰면 칼로 베는 것처럼 사람을 해치는 무기가 된단다.

인간관계에 대지진은 말 한마디에서 비롯된다. 사람과 사람 사이의 관계에서 내가 별 생각 없이 일시적으로 하는 한마디가 전체적 관계의 시스템을 흔들어 놓는 임계상황을 일으킨다. 그래서 오늘은 거짓말에 대하여 의견을 보낸다.

자기 자신을 알리기 위한다든가 순간의 실수를 모면하고자 한번 거짓말을 하기 시작하면 거짓말이 새끼를 치면서 걷잡을 수 없는 수준으로 확대되는 것이다. 그리고 거짓말로 구축한 환상의 세계로 들어가면서 그는 행복하다고 믿는다.

거짓말에도 '하얀 거짓말white lie'과 '검은 거짓말black lie' 두 가지가 있단다. 선한 의도로 하는 거짓말은 일상에 유연함을 주고 남과의 관계에서 물꼬를 트이게도 한다. 반면에 자신의 이익을 취하기 위해 하는 검은 거짓말은 소통을 막는 역할을 하는 것이다. 즉 대화의 윤활유가 되어서 남을 배려하게 되는 하얀 거짓말에 우리는 유념할 필요가 있다.

악의적인 거짓말이 아닌 이타적인 거짓말 또는 선의의 거짓말은 나름대로의 장점이 있다고 봐야 한다. 남의 초대를 받아서 대접받은 음식이 맛이 좀 없더라도 '음식이 참 맛있네요'라고 할 때 둘 사이의 관계를 보다 더 원활하게 소통하는 역할을 하게 된다.

여기서 생각해 볼 점은 남이 나를 진심으로 대하고 있는지, 내가 그를 얼마나 믿을 수 있는가를 먼저 생각해 보아야 한다. 만일 그가 나의 진심을 기반으로 움직인다는 확신이 든다면 상대 말을 즐겁게 받아들이는 태도를 취해야 하는 것이다. 그것이 경제적이고 효율적이라는 사실을 곧 알게 된다. 관계를 깰 요량이 아니면 상대의 거짓말과 결점에 대해 눈감고 넘어가 주는 것도 결코 잘못하는 것이 아니다.

거짓말은 기본적으로 독극물이지만 과용하지 않는 한 때로는 약이 될 수도 있다. 그래서 거짓말은 관계를 살리기도 하고 망치기도 한다. 소통의 관점에서 볼 때 거짓말은 용맹한 용병과도 같아서 가까이 두기에는 위험하지만 간혹 결정적인 도움을 주거나 긴박한 위기를 막아주기도 한다.

거짓말에 속아주는 것이 때로는 자존심을 상하게도 하지만 상호관계를 해치는 수준이 아닐 때는 덮어두고 넘어가는 센스도 있어야 한다. 야구에서 좋은 투수는 직구만 고집하지 않고 적당히 커브와 슬라이더 같은 변화구를 던질 줄 아는 것과 마찬가지일 것이다.

그래서 거짓말은 소통의 미학이고 참기름 같은 것이라 할 것이다. 그러나 적당히 쓰면 맛있고 고소한 냄새가 나지만 지나치면 모든 음식이 같은 맛이 되어 버린다. 그 양면성을 살려서 소통의 한계를 한 단계 높이는 지혜를 터득하기 바란다.

습관習慣

우리 속담에 '세 살 버릇이 여든까지 간다'는 말이 있다. 어렸을 때부터 길들여진 버릇이 오래간다는 뜻이다.

버릇은 사람마다 다르고 그 환경이나 시대의 변천에 따라 여러 가지가 있으며 습관이 살아가는 데 도움이 되는 것도 있고 해롭고 버려야 할 것들이 있다 하겠다.

우선 먹을 때의 버릇 중에 달고 맛있는 음식에만 길들여져 있는 사람이 있는가 하면, 채소를 싫어하고 고기만 먹고자 하는 편식된 습관도 있고, 길을 걸을 때나 잠을 잘 때도 사람마다 그 모습이 다른 것을 알 수 있다.

고개 숙이고 걷는 버릇은 그 사람을 음울하게 만들기 쉽고 일을 그르치기 쉽다. 항상 머리를 똑바로 들고 활기차고 당당하게 걸어가는 습관을 지닌 사람은 반드시 좋은 일과 생기가 넘치는 하루를 보내게 된다.

웃을 때나 말을 할 때도 그 모양이 각양각색으로, 말은 반드시 나를 낮추어 겸손하게 하고 얼굴에 미소를 띠우며 상대의 눈을 쳐다보면서 천천히 또박또박 해야만 좋은 인상을 보낼 수 있다.

캘리포니아 대학의 심리학 교수인 알베트 메리만 박사에 의하면 사람의 첫인상의 구성요소 중에서 타고난 외모나 용모가 55%를 차지하며, 청각적인 요인으로 목소리는 38%이고, 그 대화내용(학식이나 전문지식)은 불과 7%에 불과하다고 했다. 이는 대인관계를 해야만 하는 우리 생활에서 첫인상이 얼마나 중요한가를 말해준다 할 것이다.

할아버지는 여든까지 가기 전 칠십 세에야(몸에 밴 나쁜 버릇을 고쳐 가느라 애쓰는 중이다) 새벽 5시에 반드시 기상하여 한 시간 운동하고, 조식 후 산에 오르고, 오후에는 독서하는 좋은 습관을 기르고 있단다. 그래서 수십 년 지병인 당뇨병과 고혈압을 완벽하게 치유하는 기쁨을 누리고 있단다.

너희들이 지닌 나쁜 습관으로 인해 지난날은 아쉽고 후회스러웠을지라도 이제부터라도 할아버지를 거울삼아 좋은 습관으로 바꾸어서 부디 건강과 학업에 성공이 있기를 바란다.

시간을 재단하며 살다

사람들이 흔히 말하기를 천재는 99%의 노력에서 태어난다고 한다. 그리고 '최선을 다하라'는 말은 쉽게 하고 또 쉽게 들을 수 있으나 '시간을 재단하며 지낸다'고 하는 말은 매우 드문 말이다. 노력하고 최선을 다하기 이전의 일상생활에서 시간을 쪼개고 그 길이를 줄이고 늘이는 생각을 하기에는 쉽게 지나치고 잃어버리기 쉽다.

1년의 계획은 정월에 세우고, 한 계절의 계획은 봄철에 세우며, 일생의 계획은 젊은 날 청소년 시절에 세운다는 것은 너희들도 잘 알고 있는 진리일 것이다. 할아버지의 지난 시절을 돌아보며 후회하고 반성하고자 하는 마음에서 늦었으나마 이제 확실하게 내가 실천하고 닦아 온 계획과 그 보이지 않는 성과를 느끼면서 사랑하는 손자들에게 꼭 알리고 싶어지는 마음이 일고 있다.

새벽에 잠에서 깨어나면 그날 하루의 일정을 머리에 그려 본다. 그리고 아무리 피곤하거나 날씨가 방해되어도 반드시 정해 놓은 시간만큼 몸을 움직이고 있으며, 정확하게 아침 식사는 8시 이전에 꼭 하였다. 그리고 하루도 거르는 일 없이 가까운 앞산에 정해 놓은 코스를 오르며 나만의 명상의 자리에서 시간을 보면 틀림없이 9시 40분 안팎이 된다. 그곳에서 다시 정오까지 해야 할 일들을 다시 정리한 후에 도서관에 들러서 한두 시간 독서를 한단다.

오후의 일과 역시 점심을 하면서 궁리하고 연구하며 오후의 일들을 반드시 해내고 있다. 원고를 쓴다든지 집안일들을 손본다든지 하는 일을 미루지 않고 마무리하고 있다.

이런 반복된 생활로 어언 1년이 흐르고 난 후 내게는 상상할 수 없을 만큼 변화가 찾아와 건강 면에서는 할머니가 놀랄 만큼 기력이 좋아졌으며 생각만 품고 지낸 마음을 글로 나타내는 원고를 수십 편으로 완성할 수 있었단다.

할아버지는 밥을 먹을 때, 화장실에 앉아 있을 때, 더욱이 걸어가면서까지 오늘의 일정을 시간별로 해야 할 일들을 머릿속에서 정리하고 새겨두고 있단다. 이런 습관이 반드시 최고이며 최선이라고는 감히 말할 수 없으나 적어도 흘러가고 있는 시간을 보람 있게 속을 채워서 보낸다는 측면에서는 가치가 있다고 자부하고 싶구나.

너희들이 학생일 때 또는 사회인이 될 때에 할아버지의 촘촘

하고 세심한 성격으로 실천해 오고 있는 시간을 재단하며 사는 방법을 한번쯤 답습해 보길 바란다.

실패의 미학

흔히들 '실패는 성공의 어머니'라고 한다. 어찌 보면 실패한 자들의 변명처럼 들리는 말 같지만 실제로 실패의 경험이야말로 성공으로 가는 길에 밑거름임에 틀림없다고 생각한다.

실패도 여러 가지 부문에서 구분해 본다면 첫째, 건강에서의 실패가 있고, 다음에서는 학문에서의 실패가 있으며, 인간관계 가족관계에서의 실패도 있을 것이며, 소위 가장 떠들어 대는 치부에서의 실패 등 실로 많은 분야가 있다. 할아버지는 그 중 두 가지 분야에서만 들여다보고 싶구나.

인간은 누구나 자기의 잘못된 치부나 실패한 부분을 숨기거나 감추고 싶은 것이 본능이겠으나 나는 용기를 내어서 사랑하는 내 손자들에게 밝히고자 한다.

우선 건강 부문에서 내가 사십 대 초반에 직장에서 종합검진을 받았다. 결과에 당뇨가 있으니 조심하고 유의하라는 지적을 받았으나 이를 무시하고 하루에 반시간씩 운동하는 노력을 게을리 하여 상태는 점점 악화되고 병이 깊어져 기력이 쇠약해 갔다. 고혈압까지 동반하여 마침내는 기절하고 넘어지는 처참한 지경에까지 이르렀으니 내가 내 몸을 얼마나 학대하고 포기하였는지 지금 돌이켜 보면 마치 인생은 '공수래공수거'라는 불자의 교리를 따르는 흉내를 내고 마는 어리석고 부끄러운 인생이었다.

두 번째로는 치부의 부분이다.

누구나 부자가 되고 싶다는 욕구는 있기 마련이지만 나 또한 그 속에 들어간 속물이었나 보다. 수십 년간 근무하고 받은 퇴직금을 몽땅 주식에 투자한 점이다.

당시 강동구 상일동에 임야 1,500평을 살 수 있는 금액이어서 땅에 투자하자는 할머니의 의견을 따라 현지에 가서 살펴보기도 했으나 그걸 무시하고 고집대로 증권을 시작하게 되었다. 마치 돈키호테처럼 무모한 행동이었구나. 지금은 상일동 그 지역의 시가가 1,500평에 150억에 이르고 있으니 마치 도깨비방망이 이야기 같기도 하고 바다가 갈라지는 하느님의 조화 같은 꿈같은 일이 되어 버리고 말았단다.

'큰 부자는 하늘이 내려주고 사주팔자에 타고나야 한다'는 미신으로 자기변명을 하며 재운이 없음을 위로하는 한심하기 짝이 없는 실패한 인생의 할아버지가 되어 버리고 말았단다.

그러나 실패가 병이 되어 호미로 막을 수 있는 실패를 나중에는 서까래로도 못 막는다는 법칙이 있다. 그 실패의 이유를 찾아내보이며 같은 실패를 두 번 다시 반복하지 않으려는 용기 있는 자세가 있어야 하겠다.

3M의 포스트잇이 거듭된 실패 속에서 만들어서 세계적인 상품이 되었다는 사실이 널리 알려졌으며, 발명왕 에디슨도 전기 발명이 있기까지 11만 번의 실패를 맛보았고, 야구계 전설의 홈런왕 베이브 루스는 74개의 홈런을 날리기 위해서 133번의 삼진아웃을 당했으며, 비행기를 발명한 라이트 형제 역시 804번의 실패를 했었다고 한다. 농구 황제 마이클 조던은 9,000번의 슛에 실패한 경험이 있었다 하니 오늘의 큰 성공을 거둔 사람들에게는 반드시 크고 작은 많은 실패의 경험이 있기 때문이다.

할아버지의 당뇨병과 고혈압은 이제 거의 정상에 이르러 80%가 치유되었다고 하니 뼈를 깎는 노력의 결과이기도 하며 바야흐로 마음에 꽃이 피고 있음을 밝혀 자랑하고 싶다.

두 번째로 땅에 투자를 피하고 주식에 투자한 것 역시 당시에 비금속 제조회사인 배명금속이 탐그스텐이라는 신제품을 국내 최초로 발명 특허를 냈다는 정보를 입수하여 그 주식에 올인(융자 포함)하여 30만 주를 주당 700원에 매입, 1년에 4배가 상승하여 2,900원까지 상승(9억)하였으나 매도 기회를 놓쳐서 다시 원점으로 내려와 뜬구름만 잡은 허망한 실수를 저질러 실소할 뿐이다.

돌이켜보면 지나친 탐욕의 결과였으며 남의 의견을 무시하고 날뛰는 짱뚱어(갯벌 속에서 사는 고기) 같았으니 김유신 장군은 못 되더라고 선화 공주를 아내로 둔 바보 온달의 반만이라도 닮았으면 좋으련만.

건강을 잃으면 모든 걸 다 잃어버린다고 했으니 이제부터라도 건강을 일으켜 세우며 일정한 목표를 정하고 애쓰고 힘쓰며 지내고 싶을 뿐이다. 그래서 꿈이 이루어질 때까지 꽃을 피우고 손자와 손잡고 춤을 추고 싶어진다. 온달 장군처럼 말이다.

아름다운 것들

고대 희랍신화에 탈무드의 이야기 속에서 세상에서 가장 아름다운 것 세 가지를 물으니, 첫째는 꽃이라 했고, 두 번째는 갓난아이의 얼굴이라 했으며, 세 번째는 어머니의 얼굴이라 했단다. 그러나 세월이 지나고 계절이 바뀌면 꽃은 시들어서 땅에 떨어지고, 갓난아이는 자라서 성년이 되고 삶에 지쳐 풍파를 겪으며 본래의 해맑은 모습을 잃게 된다. 하지만 어머니의 얼굴은 주름살만 늘어날 뿐 사랑이 담긴 그 모습은 아름다움이 더욱 커지게 된다고 생각된다. 이는 겉으로 보이는 물리적인 아름다움의 척도일 뿐 진정으로 정신적인 면에서의 아름다움에 가치를 매길 수가 없다고 할 것이다.

세상에는 수많은 아름다운 이야기가 있는데 몇 가지만 들추어 본다면 테레사 수녀의 일생을 아름다움의 으뜸이라 하겠으며, 슈바이처 박사의 오지에서의 의료봉사라든가, 케롤 신부와 이경

제 신부가 한센 환자들을 위해 의왕시에 성나자로 마을을 세우고 가꾸며 함께한 일생을 들 수 있듯이 자기를 버리고 남을 위해 헌신하고 베푸는 사랑 또한 참된 아름다움에 첫째 가는 증표가 아니겠는가.

내가 생각하는 인간의 일생을 권역별로 구분하여 제3권역의 삶이 바로 베풀고 봉사할 수 있는 삶이라 생각된다. 그러기 위해서는 제1권역인 자신의 인격도야에 최선의 노력이 요구되며 제2권역인 가족에 대한 책임 또한 전제되어야 한다고 믿는다. 좀 더 나아가 제3권역인 사회와 인류를 위한 고귀하고 위대한 삶이 아름다움의 극치로 생을 마무리해야 할 것이다. 그러기를 바라며 희망하는 것이 할아버지의 마음이다.

웃음의 보약補藥

유명한 웃음 연구가 홀덴 씨는 1분간의 웃음은 조깅이나 자전거타기를 10분간 운동한 효과와 같다고 했고, 웃음은 몸의 병뿐만 아니라 마음의 병도 치유한다는 사실을 입증했다고 했다.

동양 속담에서도 '소문만복래笑問萬福來'라는 말이 있다. 즉 웃음이 꽃피는 집 대문 안으로 만복이 들어온다는 뜻이다. 웃음이 담긴 집안은 가족끼리 화목함은 말할 것 없이 모든 일도 잘 풀린다는 의미도 있겠다. 의학적으로도 웃음은 뇌파에서 엔도르핀을 생성시키며 임파구에 백혈구를 증식시키어 병균의 침입이나 생성을 막아준다고 했다.

아무리 큰 잘못이나 실수를 범해도 웃는 얼굴로 사과를 한다면 화를 낼 수도 없으며 그 얼굴에 침을 뱉을 수 없다고 했으니 웃음이야말로 그 의미를 다시 한 번 되새겨 볼 필요가 있다고 하겠다. 웃는 얼굴에다가 하나 더 추가하여 곱고 따뜻한 말을 쓴다면 금상첨화로 최상의 효과가 있으며 그 중요성은 더욱 가치가 빛날 수 있을 거라 믿는다.

우리는 흔히 쉽게 짜증내고 화나는 얼굴로 가족 간이나 친구 간, 직장 동료 간에 함부로 대하기 쉽다. 이것이 습관되어 몸에 밴 사람 치고 성공하고 앞서 가는 일을 하는 자를 보지 못했기 때문이다.

단정하고 겸손한 태도로 웃는 얼굴에 고운 말까지 쓰는 훈련에 익숙한 사람이 앞서 가는 사회생활을 하고 마침내 남들이 부러워하는 성공한 인생을 살아가는 사람들을 많이 보아 왔다.

미국의 아웃백 스타벅스 사장이 된 스테이시 카델라는 접시 닦기로부터 시작하여 웃음의 미학을 터득하고 습관화시켜 결국에는 세계적 상위매출을 올린 회사의 사장에까지 오르는 사례도 있으며, 절름발이로서 신체적 약점이 있음에도 불구하고 웃음의 미학을 습관화시킨 페니도 2,000개의 체인점을 거느린 회사 사장이 되어서 이를 입증했다고 한다.

지식과 기술이 뛰어날 뿐만 아니라 웃음 미학의 요소를 갖춘 덕망을 지녀서 부디 큰 꿈을 이루어 내길 할아버지는 바란다.

전나무와 삼각형

독일 민요에 전나무(소나무)라는 노래 가사를 보면 "전나무야 전나무야 너 항상 푸르러라, 눈비가 오거나 비바람이 몰아쳐도 전나무야 전나무야 너 항상 푸르러라."

할아버지가 소년시절 배운 노래로 그 가사가 좋아서 지금도 기억하고 있단다. 성탄절이 돌아오면 온 가족이 모여서 크리스마스트리를 장식할 때 어버이들이 자식들의 장래를 기원하며 전나무처럼 푸르고 잘 커주기를 바라는 노래의 의미가 있단다.

자라고 있는 토양이 비옥하고 또는 위치가 좋아서 곧고 힘차게 푸르고 무성하게 자란 전나무가 있는가 하면, 자갈밭이나 모래땅인 척박한 토양에서 또는 바닷가에서 해풍에 시달리며 자란 전나무와는 그 모양이 뚜렷하게 다르게 마련이다. 동식물은 그 종자와 자란 환경에 따라 그 모습에 엄청난 차이가 있으며 그 쓰임새도 천차만별이더구나.

수년 전 미국 서부지방의 요세미트 공원에서 본 수백 년 된 아름드리나무들은 비옥한 바탕과 훌륭한 관리가 있어서 오늘의 세계적인 수목원을 꾸미고 있음을 느낄 수 있었다. 하물며 인간도 그 자질과 환경의 차이에 따라 그 모양이 크게 차이가 나고 있음은 말할 필요가 없겠다.

할아버지는 여기에서 삼각형과 인격의 형성에 관한 평소 생각을 말하고자 한다.

자질은 피선택된 부모로부터 받았기 때문에 삼각형의 밑변에 해당되고, 환경은 살아가고 있는 가정이나 사회 또는 국가의 양향을 받을 수밖에 없기 때문에 삼각형의 한 빗변이라 칭하고 싶구나. 그리고 또 다른 빗변의 의미는 노력이라 말하고 싶다. 비록 밑변의 길이가 짧더라고 양 빗변의 길이게 따라 그 넓이가 크게 차이가 나게 됨을 우리는 쉽게 알 수 있다. 노력하는 힘이야말로 그 인격의 크기와 넓이를 결정짓는 요인이란 것을 명심해야 할 것이다.

사랑하는 손자들아!

너희들이 사시사철 푸르고 소나무처럼 싱싱하고 씩씩하게 자라 줄 것을 믿고 있으나 인격의 척도로 결정짓는 한계는 자신만의 선택의 길이란다. 열정을 갖고 도전하는 마음이 주어진 환경을 벗어날 수 있는 가변적인 선택이기에 스스로 키워 낼 수 있다고 믿어야 한다.

어려운 가정환경에서 큰 인물들의 삶을 살펴볼 때 열정 그리고 노력의 의지가 나보다 뚜렷하였음을 알 수 있었다.

캐나다 맥길대학 다니엘 레비턴 교수의 '1만 시간의 법칙'은 유명한 학설이다. 1만 시간은 하루에 3시간씩 10년을 매일 노력한 결과로 최고 수준의 전문가가 되기 위한 뇌의 학습시간을 의미하며, 8,000시간만을 연습한 부류는 좋은 평가만 받을 수 있다는 통계를 발표한 글을 보았다. 이 1만 시간의 법칙은 위대한 성공을 이룬 마법의 시간이라 하였다. 빌게이츠 , 비틀즈, 모차르트 등 모두가 성공에 도달하기까지는 은연중에 1만 시간이라는 공력을 쌓았다는 것이다.

1990년생인 김연아 선수 역시 7세 때부터 시작하여 10년 만에 2010년 밴쿠버 동계올림픽대회에서 금메달을 얻었고 이런 과정에서 포기하고 싶을 때가 있으나 그 고비를 넘어서면 누구나 인정하는 훌륭한 인재가 된다는 사실을 명심하기 바란다.

행복의 보증

모든 인간들이 아등바등 애쓰며 살아가는 것도, 그리고 재물을 모으고 명예와 권력을 찾아서 매진하는 것도 궁극에는 행복을 찾으려는 목적 때문인 것이다.

인간의 행복은 물질적인 생산과 소비의 많고 적음에 있지 않고 사람과 사람 사이 또는 사람과 자연 사이의 친숙하고 조화로운 관계에서 행복이 찾아든다고 믿는다. 그래서 행복을 찾아 행복을 누리는 방법을 생각한바 나는 마음의 평화와 고요를 누리고 기쁨을 느끼며 살아가는 데 그 길이 있다고 믿는다.

아무리 기쁘고 즐거움이 있다 해도 끝까지 추구하지 않고 알맞게 그칠 줄 알아야 하며 분노와 슬픔도 마음에서 쫓아내는 훈련을 거듭해야 할 것이다. 마음의 평화와 고요 없이는 가정의 화목도 매끄러운 인간관계도 이루기 어렵기 때문이다. 그래서 명상이 필요한 것이다.

명상은 고도의 지식이나 기술의 열쇠로도 열 수 없고 누구의 도움이나 어떤 명약도 소용없는 것으로 구름 한 점 없는 맑은 하늘처럼 마음을 활짝 열 때 가슴속으로 조용히 찾아오는 것이다. 명상은 소리 없이 음악처럼 가슴속에서 흐르는 것이다. 여러 가지 얽힌 일들로 헝클어진 생각들을 면밀하게 정리하여 흐르는 강물을 지켜보듯이 자신을 살펴보는 것이다.

가부좌를 하고 몸에 힘을 빼고 눈을 감고 있을 때 마음이 평안함을 느낀다. 하루에 한 번 이상 습관을 들이면 효과적이다. 마치 흙탕물의 소용돌이 같은 세상살이를 가라앉히는 일이 명상이라 생각한다.

불교에서는 참선이라 하여 부처의 도를 깨닫는 수행이 명상이며, 기독교에서는 기도를 하며 주님의 뜻을 행할 수 있기를 소원하면서 명상하며, 힌두교에서는 요가를 하여 명상을 하고 인간의 본연의 자리로 돌아오게 하여 행복을 가져다주는 것이 명상의 일들이라 생각한다.

오늘날 일본이나 서구에서는 대기업의 CEO들도 이 명상의 훈련을 통해 조직을 경영하고 기업을 번성시키고 있다고 한다. 명상의 훈련으로 불치병을 치유하고 있는 것은 이미 알려진 일이 아닌가.

항공 운항에 에어포켓air pocket이라는 말이 있다. 비행 중인 항공기가 갑자기 난기류를 만나 크게 동요하는 현상을 뜻하는데 우리가 세상을 살아가는 가운데 이런 에어포켓 현상이 나타나기 일쑤이다. 이럴 때 정신적인 충격으로 무기력해지거나 중도에 좌절하게 되면 쉬어 모든 일에 실패하게 된단다. 그때 명상의 훈련으로 이를 극복하고 치유해야 할 것이다.

명상은 홀로 누리는 신비로운 힘으로 누구에게도 의지하지 않고 스스로 선택하여 할 수 있는 일이므로 이는 깨끗하고 순진한 마음에 평화를 갖게 하여 새로운 시작과 도전에 용기를 불어넣는 마력을 발휘하게 된다. 새로운 명상은 인간 본연의 속살을 내보이며 무기력에서 희망을 안겨주게 될 것이며 비옥한 마음의 텃밭을 일구어 내게 될 것이다. 마침내는 적게 가지고 충만한 행복을 누릴 수 있기 때문이다.

Part 02

손자들에게 들려주는

할아버지의 삶의 가르침

사상과 사물을 논할 때는 분명하게 할 것이며
남을 칭찬할 때는 부드럽고 작은 목소리로 하는 것이 훨씬 효과적이다.
보통 생활 속에서 말소리의 볼륨은 한 음계 낮게 하는 것이
훨씬 부드럽고 따뜻한 냄새가 풍기어 아름다운 것을
할아버지는 많은 경험으로 보아 왔기 때문이다.

기쁨의 얼굴

만나면 즐겁고 보고 있을수록 기쁨을 주는 얼굴, 목소리를 들으면 반가운 얼굴, 또 보고 싶어지는 얼굴이 바로 손자의 얼굴인 것이다.

생후 12개월쯤에는 '하비, 하비, 하비!'라는 옹알이가 기쁨과 즐거움을 갖게 하는 감격은 세상 모든 할아버지, 할머니들이 누리게 되는 기쁨이 아니겠는가. 기쁨과 즐거움이 자연 발생적인 것이 있는가 하면 피상적이거나 인위적으로 만들어 발생되는 경우도 있다고 생각된다. 손자의 얼굴이나 목소리는 자연 발생적인 요인에서 만들어진 즐거움이나 기쁨이라 할 것이다.

지금으로부터 50여 년 전 일이다. 나의 할머니가 새색시 때 증조할아버지께서는 세상에서 가장 귀하고 소중한 며느리를 보시고 즐거움과 기쁨을 누리는 방법을 강구하셨으니, 바로 매일 새벽마다 며느리에게 소학(인성 교본)을 몸소 가르치시는 일을 하셨단다. 그 일을 하심으로써 그분께서는 일상의 피상적 요인에서 기쁨과 즐거움을 찾으셨고 그 일을 보람으로 알고 삶을 엮어 나가셨단다. 며느리에게 한문지식과 삼강오륜을 가르쳐서 깨우치려는 목적보다는 사랑하는 사람에게 베풀어 주고 싶어지는 사랑을 쏟아 부으면서 즐거움과 기쁨을 누리셨으리라 생각한다.

할아버지가 너를 생각하고 그리워하면서 이 글을 쓰고 있는 일도 내 즐거움과 기쁨을 누리고자 하는 행위가 아닐까 싶다. 오늘 건너와서 점심을 함께한다니 마음이 설레는구나.

이세효비二世孝碑

내가 초등학교 4학년일 때, 아침에 등교할 때마다 꼭 할머니 방문을 열고 '학교에 다녀오겠습니다' 하고 인사를 드렸단다. 그런데 오후에 수업을 마치고 동네 어귀에 들어서는데 우물가에서 웅성거리는 광경을 볼 수 있었다. 그날 분명히 고개를 끄덕이며 귀여운 손자의 등굣길 인사를 받으셨는데 그만 반나절 만에 숨을 거두셨단다. 향년 89세였으니 그 당시에는 장수를 누리셨다고 했단다.

너희 증조부님께서는 그날부터 새벽마다 뒷산에 모셔둔(가묘) 당신의 어머니 묘를 3년 동안 인사를 드리는 효행절차를 지키셨고, 아침저녁 상식(밥 공양)으로 애통함을 나타내는 곡과 일과를 만 2년이나 계속하셨단다.

옛날에 유교사상 효행의 일환으로 단지斷指(가족의 병이 위중할 때 그 병을 낫게 하기 위해 피를 내어 먹이려고 자기 손가락을 자르거나 깨물던 일)

를 하신 증조할아버지는 인근에서 효자로 칭송되었고, 쑥을 구하여 부모에게 다려 드시게 하여 건강을 돌보았다 하여 호를 '구애求愛'라고까지 하시게 되었단다. 지금도 할아버지 고향(전남 강진 대구 계치리)에는 너희들 고조부님과 증조부님의 2대에 걸쳐 효자가문이라 하여 기념비석도 세워져 있단다.

기독교 사상에서도 부모에게 효도하는 것이 하나님의 사역 중에서 으뜸이라 하였으니 그것은 자식들이 잘 자라서 입신양명하여 부를 누리거나 명예를 얻어 잘되는 것이 부모에게 효도하는 것이라 하였다. 예나 지금이나 자식들에게 영광스러운 삶이야말로 효도의 바탕인 것이다.

즐겁게 공부하라

할아버지의 걸음걸음마다 네 생각을 하면서 에너지를 보내고 있단다. 오늘도 건강하게 과식하지 않고 골고루 영양을 섭취하고 있는지 그리고 규칙적으로 운동을 하면서 체력을 튼튼하게 기르고 있는지 생각하면서 너에 대한 그리움으로 하루를 보내고 있구나.

학교 공부는 바보처럼 열심히 하되 그 일을 즐기면서 하길 바란다. 억지로 애써서 시간만 보내는 공부는 하지 않는 편이 나을 것이다. 그 일이 재미가 있어서 밥 먹는 일도 잠자는 시간도 아까우리만큼 공부에 힘써주기를 바란다. 그렇게 씨앗을 뿌리면 그 열매는 반드시 크게 여물어 앞날에 밝은 미래가 보장되리라 믿는다.

벼는 익어 갈수록 고개를 숙이듯이 지식과 학문이 깊어질수록 겸양의 미덕 또한 함께 갖추어야 할 것이다. 남 앞에서 잘난 체하며 교만해서는 안 되며 공부 실력이 좀 부족하다고 해서 무시하거나 외면해서도 안 될 것이다. 나를 비방하거나 모함하거나 시기하는 친구가 있어도 그를 미워하거나 저주하지 말고 널리 용서하고 참고 인내하는 인성을 지녀야 할 것이다.

반드시 너의 큰 꿈은 이루어진다고 믿으며 할아버지는 오늘도 걷는 걸음걸음마다 기원하며 축수하고 있단다.

할머니의 인자仁仔

사랑하는 손자 세빈아, 오늘은 할머니의 이야기를 할까 한다. 세월이 많이 지나서 기억에도 가물거리는 너의 할머니 모습을 사진으로나마 보면서 그리움을 마음에 새겨보길 바란다.

아마 1996년이었다. 할머니가 54세 나이에 수영을 배워 보겠다는 생각으로 문화체육관 수영장에 신청을 하였단다. 물하고는 영 거리가 멀어 물속에서는 한 번도 놀아보지도 못한 몸치였으니 나는 반신반의했었단다. 그런데 일주일에 두 번 기본 연습으로 수영을 배우기 시작하더니 날이 갈수록 몸이 뜨기 시작하고 드디어 15m를 건너는 실력으로까지 발전하였다며 자랑을 하는 모습이 눈에 선하구나.

남들은 2~3번 왕복하는 하루 연습량을 10~20번씩 하는 열성으로 그저 조금씩 향상되는 기쁨으로 즐겁게 노력해 가는 과정을 지나서 마침내 평형에서 자유형은 물론 배영까지 완벽하게 해내는 경지까지 이르렀고, 구청배 수영대회(1997년 5월과 1998년 10월)에선 동상에 입상하는 쾌거를 이루어 내고야 말았다. 1999년에는 은상을 받았고 마침내 2003년 3월에는 YWCA 아쿠아 에스론 마라톤 수영대회에서는 동상의 영예를, 그리고 2004년에는 한강을 건너는 3,000m 삼종경기대회에 출전하여 완주하는 경사를 이루어 냈단다. 상에 입상한 것을 자랑하는 것이 아니라 스스로 열심히 해서 성취한 결과물이라는 것에 의미를 두어야 할 것이다.

사랑하는 세빈아!

목표를 정하고 꾸준하게 정진하면 놀라운 성과를 이룬다는 실상이 너의 할머니로부터 증명되었구나. 네 몸속에는 할머니의 끈기 있는 유전인자가 분명하게 흐르고 있단다. 즐겁고 재미있게 목표를 향하여 부단하게 노력하면 마침내 놀라운 결과가 주위를 행복하게 할 것이라 믿는다.

할머니의 피

일본 동경에서 태어난 오토다케 히로타다에 대한 이야기다. 모태에서부터 양팔과 양다리가 없이 태어나 사지가 없는 아이가 정상인들과 함께 공부하며 커 나가는 실화이다.

그는 수영을 배우고 달리기(50m를 2분에)를 하는 기적을 이루어 내었으며(몸통으로 뛰는 달리기) 중학교 시절에는 의수를 이용해 농구까지 하는 강인하고 불굴의 정신력으로 장애를 극복하였단다. 지금은 전 일본 열도에 희망과 꿈을 보내는 전령사로 살고 있으며 와세다 대학 정경학부를 다니면서 미국의 월가에 나가 도전하는 경영컨설턴트의 포부를 이루기 위해 공부에 매진한다고 들었다.

세빈아! 네 할머니는 물을 무서워하고 특히 깊은 물에서는 맥주병처럼 뜨는 것조차 불가능했던 몸치였단다. 다행히 1995년도에(할머니 나이 62세) 백련산 자락에 문화센터가 건립되었고 그곳에 수영장이 생겨 수강신청을 하게 되었단다. 물론 노래연습이며 다른 강의도 들으면서 말이다. 부단히 연습하고 노력하더니 어느 날은 YMCA 여성수영대회에 출전한다기에(서대문 60대 노인 대표) 나는 반신반의했단다. 그런데 놀랍게도 3등으로 입상하여 동메달을 따오고 매해마다 은메달, 금메달의 수상까지 하더니 마침내는 서울시 주최 여성 수영 3종 경기에 출전하여 한강을 건너는 쾌거를 이룩하였단다.

세빈아! 너는 할머니 피가 섞여 있으니 이제부터라도 자신감을 갖고 목표를 향해 가는 의지를 불태우기 바란다. 후회 없도록 말이다.

황금바위

홍제천 뚝방 길이가 3km인데 모래네 다리에서부터 홍제동 유진상가 입구까지 개천 양쪽으로 산책로 공사가 지난해 가을부터 시작하여 올봄에 완성되었다. 인도와 자전거 길로 구분되어서 나는 매일 새벽마다 이 길을 운동 삼아 걷고 뛰고 있단다. 아들이 절대로 무리하지 못하게 극구 만류하기 때문에 힘들 때면 2km 정도 거리를 돌아오기도 한단다.

양쪽 언덕 위 차도의 벽 쪽으로, 아래로는 냇물 쪽으로 쌓아놓은 수만 개의 바위들이 질서 없이 들어서 있고, 그 바위틈 사이사이로는 일년초 야생풀이 자라고 있어서 그 모양이 자연스레 조성된 것처럼 운치 있는 공사를 해 놓아 마치 시골의 산촌 개울가를 연상케 하는구나. 이 바위들은 어디에서 태어나서 이곳 도심 한복판까지 이사를 왔을까 생각해 보니 깊은 산속 바위산 암벽에서 쪼개지고 갈라져서 흩어져 살고 있는 것이다. 그 바위 모양이 각양각색으로 생김새가 다른 인간들처럼 모양이 똑같은 바위는 찾아볼 수가 없구나.

바위의 질은 모두가 화강암처럼 보이나 그 색깔은 회색도 있고 흰 바탕에 검은 띠를 두른 것도 있으며 거의 대부분은 암회색빛 일색이다. 그런데 유난히 내 눈길을 잡은 노랑 바탕에 연한 황금색 옷을 입은 큰 바위 한 개가 연희동 쪽으로 자리 잡고 버티고 있다. 하루 이틀 그 앞을 지나면서 왠지 그놈이 다정스러워 보이고 씩씩해 보인 까닭에 나는 내 손자 이름을 붙여주고 싶은 생각이 들었다. 몸집도 크고 건강하며 생김새도 간사하지 않고 미욱하지도 않은 믿음직스러움이 배인 '황금바위'라 그렇게 명명한 것이다.

고통이 없는 안전한 지대에 머무르기를 바라는 편안한 마음을 바위에 비유한다면 이 또한 변화와 발전이 없는 한곳에만 빠져 있는 안일한 삶일 것이다. 원하는 방향으로 앞으로 나아가고 있지 않는 사람들은 곧잘 좌절하거나 분노와 슬픔 같은 절망적인 생각에 사로잡히고 만다. 그래서 새로운 변화를 추구하게 되고 더 좋은 환경을 원하게 되고 더 높은 가치를 찾게 되는 것이다. 그런 것이 인간이 가지는 욕망이 아니겠느냐.

세빈아! 학업에 정진하는 학생일 때는 최우수 성적을 목표로 일상의 태도에서 변화를 일으키어 촌음을 아껴서 공부해야 할 것이라 생각된다. 그런 마음가짐이 쌓여서 꾸준할 때 황금바위가 되어 가리라 믿는다. 인간이 태어나서 그 쓰임새가 각기 있기 마련인데 천재지변이 없는 한 긴 세월 동안 굳게 버티고 서 있는 그 바위처럼 남을 위하는 하나님의 사역을 다해 주길 바란다.

효부孝婦

예부터 우리나라에서는 효부, 열부가 있는 가문은 명예로운 집안으로 칭송을 받았으며 나라에서는 큰 상을 내리는 전통이 있었는데 오늘날에도 효자 및 효부의 아름다운 사연들이 발표되는 사례들이 가끔 있단다.

할아버지가 24세 때 결혼을 하였으니 지금은 조혼이라고 생각되지만 1960년대에는 적령기에 성혼을 한 셈이다. 더욱이 네 증조부님과 증조할머니께서는 만득晩得의 자식으로 아들을 낳아 환갑나이를 훨씬 넘어 연로하셨기 때문에 일찍 며느리를 맞이하고 싶은 심정이었으리라 생각된다. 흔히들 며느리 손에 세 끼 식사를 할 수 있어야 복이 있다는 사고가 당시에는 팽배하였으니 성년이 된 아들을 결혼시키고 싶은 욕심은 당연하셨다고 믿는다.

그런데 증조할아버지는 남들처럼 청장년 시절에도 후사를 잇

지 못하셨기 때문에 작은할머니 한 분을 더 얻게 되셨단다. 그렇게 해서 내가 작은할머님에게서 태어나게 되었다. 나는 건강하게 성장을 하였고 학업에도 열심히 전념하여 집안의 귀여움과 기대를 받으며 자랐고 대학교 2학년 재학 중에 결혼을 하여 네 큰고모를 낳았고 뒤이어 2명의 고모와 네 아버지를 얻게 되었단다.

이제부터 네 할머니에 관한 이야기다.

'호사다마好事多魔'라는 속담처럼 평온하고 행복했던 우리 집에도 어두운 그림자가 드리워졌으니 증조부님이 갑작스럽게 뇌졸중(중풍)이 발병하였고, 한 해가 지나고 큰할머니의 치매가 심해지는 악순환이 시작되었단다.

나는 서울 조흥은행 반도호텔 지점(당시 국내에서는 유일하게 외국환업무 취급 점포였음)에 근무하고 있었으나 고향에 계신 부모님의 우환으로 부득이 전남 장흥지점으로 자원하여 부모님 슬하에서 봉양할 수 있는 기회를 만들게 되었단다. 그렇게 중풍과 치매로 고생하신 노부모님 앞에서 출퇴근할 수 있었던 나는 항상 가슴을 누르고 있던 가족 부양이라는 책임과 노부모에 대해 일말의 효도를 해야 한다는 마음의 짐을 내려놓을 수 있었으니 다행스런 일이었단다.

그렇게 나와 할머니와 미국 큰고모 세 식구가 시골 월평에서 살게 되었는데 큰할머니의 병세가 악화되고 증조할아버지가 2년 후 운명하셨으니 집안은 참으로 황폐해지기만 하더구나.

증조할아버지의 병간호와 증조할머님의 와병으로 두 분의 대소변을 받아내며 가사를 돌보아야 했던 할머니의 하루일과는 그야말로 처절한 모습이라고 해도 지나치지 않단다.

내가 퇴근하여 집에 들어왔을 때 할머니의 웃는 얼굴이 눈에 선한 것은, 어려운 환경을 이겨내는 모습은 끈기와 맑고 깨끗한 마음의 표상이라 할 것이다. 값진 효행으로 시부모님 세 분을 모신 후에 물론 그 보답으로 두 고모를 얻었고, 십여 년이 흐른 뒤 네 아버지를 얻게 되는 기쁨으로 대신했다고 지금은 믿고 있단다.

꽃밭

아침 일찍 집을 나와 부지런히 개천 둑길을 걸었다. 징검다리를 건너 인공폭포수 옆 물레방앗간을 돌면 샘산에 오르게 된다. 백 보쯤 오르면 위쪽 밭에 자리 잡은 로즈마리를 보고 싶어서다. 삼백 평 남짓한 비탈진 화원 위쪽에 자리 잡은 직경 2m 정도의 둥근 밭에 무성하게 커준 향기 짙은 야생화가 정겨운 사람처럼 항상 나를 반겨주기 때문이다.

그 옆집에 사는 세이지Sage라는 색시는 한 평 남짓한 밭에서 연둣빛 옷을 걸치고 조용한 모습이며, 루피너스Lupinus 일년초들은 보라, 연두, 백색, 빨강 등 색색의 옷을 입고 키다리 색시들처럼 나란히 가로세로 줄을 맞추고 서 있어서 그 다소곳한 모습은 질서정연하기까지 하단다.

오래전부터 이 꽃밭을 나의 화원(구청 도시과 소관)이라 생각하면서 운동 삼아 매일 아침 찾곤 했었다. 반달 모양의 터도 있고 태극 모양의 텃밭이 너무 인공적으로 짜여져 있는 냄새가 있으나 도심 속에서 이나마 꽃밭이 만들어져 있는 것이 얼마나 다행스럽고 반갑지 않으리.

건너편 옆 등성이에는 삼백 석쯤 되어 보이는 공연장이 있어서 시민들이 쉬면서 즐기고 갈 수 있는 아름다운 쉼터가 아니겠는가. 중간에는 산개울을 만들어서 인공으로 한강물을 끌어올려 실개천 물을 내리고 있는데 이 또한 운치를 더해 주고 있다.

아직도 공사가 진행 중이라서 듬성듬성 나무가 베어져 있고 속살을 드러내 놓은 곳에는 노란색 부직포를 덮어 놓았고, 허브와 잔디 씨를 뿌려 놓았으니 들어가지 말라는 푯말이 보인다. 이 봄이 가고 새봄이 오면 두세 배 커 보이는 꽃밭이 만들어지리라 생각하니 마음이 넉넉해진다.

해가 갈수록 찬란해지고 아름다워질 이 꽃밭처럼, 내 몸의 지병을 치유하면서 마음이 땟국물을 씻겨 내야겠다는 각오가 생긴다. 이렇게 저물어가는 내 노년의 삶이 이어져 가고 있다.

가족의 힘

걸음걸이가 힘들고 지친 것은 몸이 쇠약해서 체력이 소진되어 가고 있는 증거이다. 버스에서 내려 300m 거리를 걸어가는데도 어느 집 앞 대문 계단이 깨끗해서 앉아 쉴 수 있는가를 두리번거리는 내 처지가 너무 불쌍하기만 하다.

오늘도 점심은 건너뛰고 오후 4시가 가까워오니 허기가 목까지 치밀고 있음이 틀림없다. 주머니에는 빵 한 개 사먹을 천 원 한 장이 없다. 집에 와 방안에 누워 있기만을 습관적으로 해온 일상이라 누워서 휴식을 취하고만 싶다.

체중은 일주일 사이 2kg 눈금이 내려가고 혈당수치는 350mg/dL을 오르락내리락하고 있으니 가히 숨만 쉬는 생명체이지 정상적인 인간의 모습에서 점점 멀어지고 있는 모습이다.

인간의 일생이 이렇게 무너져 내리는 경우 나는 과연 무슨 길을 걸어 왔으며 어디로 걸어가야 하는지 깊이 생각하게 되었다.

마음이 어둡고 캄캄할진대 몸이 건강해지리라 바라는 것이 바보스러운 희망일 수밖에 없다.

이제부터라도 막다른 벽에 부딪혀 있는 내 현상을 내 가족들에게 고백할 수밖에 선택의 여지가 없겠구나 싶어서 마음을 천천히 다져가기 시작하고 현재의 자산과 부채를 총망라 털어 놓았다. 모두가 놀랬으나 아비의 꺼져 가는 삶을 지켜본 내 아이들은 비장한 마음으로 자기 욕심을 버리고 자신들의 계획들을 수정하여 매월 일정액을 갹출해서 생계비를 책임질 것과 수년 동안 저축해 온 거금을 모아서 질기도록 나를 괴롭혀 온 부채를 정리하기로 결심하고 뜻을 모아서 일거에 빚을 갚고 나를 평안한 울타리로 감싸주었다.

가물가물한 정신과 허물어져 내리는 생각을 다시 추스르는 시점에 이른 것이다. 다시 시작해보겠다는 의지가 송글송글 솟아나게 되었다. 나이를 염두에 두지 않는 장년처럼 말이다. 어찌 보면 어처구니가 없는 일일지라도 다시 희망이라는 단어를 생각하는 지경에 이른 것이다. 바로 가족들의 깊고 따뜻한 에너지를 받았기 때문이다.

나의 현재

단 한 번밖에 없는 나의 현재를 남김없이 가득 채워서 살지 못하면 죽음과 연상되는 빈 항아리에 불과하다. 깨지기 전의 항아리에 충족하고파 하는 욕망이 어쩌면 슬픔에 젖고 있는 것이다. 젊은 날의 다채롭고 화려한 욕구불만이 불행하지 않은 비극과 슬프지도 않은 고민으로 도금되도록 했으나 적어도 지금은 금박 색을 좋아만 한 것이 아니다.

이제 '다시'라는 단어를 되새기는 세월이 6개월이 지나고 있다. 좌절 속에서 포기해 버린 육신도 따사로운 봄볕에 솟아오른 새싹처럼 땅속을 뚫고 얼굴을 내밀어 주고 있다. 혈당이 식후 2시간 100mg/dL이 나왔고 혈압도 122~60mmHg으로 정상을 가리키고 있다.

의식주의 편안함과 안락 이외에는 아무 야망도 없이 흐르는 물에 떠내려가기는 싫다. 아무리 성인군자의 도덕적 의식에라도 공리적이고 이기적인 인간의 본태를 숨기고 싶지 않다. 서서히 꼼꼼하게 한 시간, 하루를 짚어 가면서 하고 싶은 것들을 하고 싶어진다. 그것이 한 달이고, 한 해, 두 해로 쌓여질 때 그 열매가 보상해 줄 것이다.

즐겁고 재미있게 오늘을 그리고 내일을 보내겠다는 뜻이다. 건강을 보태는 조깅을 시작하려고 하며 사랑하는 이들에게 주고자 하는 마음을 글로써 남겨주고 싶다. 다른 사람들의 아름다운 이야기와 삶의 희로애락을 담아서 남겨주려고 한다. 요즘에서 '유 레이즈 미 업You raise me up'이라는 노래가 합창단들에 의해 유행하듯이 개인이나 사회가 한 단계 높아져야 한다는 의미일 것이다.

그것이 내 마음에 닿으면서 나도 업그레이드upgrade의 욕심이 생기는 것은 당연한 일이며 곧 사명감으로 믿으며 조물주가 내게 준 생명의 사역이라 믿는다. 반드시 해야겠다는 신념과 할 수 있다는 자신감을 가지려 한다. 꾸준히 자리 잡은 자신감의 확신을 바탕으로 살아가는 것이 새로운 삶에 자기상을 만들게 될 것이다. 마음을 다하고 힘을 다해서 유대인의 성공법칙을 실천하려 한다.

눈물의 빈 통장

초봄의 따사로운 날씨라서 가볍게 안산 길을 오르고 있다. 서너 번 마주치며 인사를 건네고 하던 깨끗하고 단정한 할머니를 또 만나게 되니 마치 한 고향에서 오신 친척처럼 느껴지기도 한다. 나보다 10년이나 연세(82세)가 많으시니 마치 큰누님 같기도 하다. 나를 보면서 할머니도 자기 막냇동생같이 60대로 보인다며 칭찬을 주는 편안한 관계가 되어 가고 있다.

그런데 할머니의 오른손이며 왼손 손톱이 이상하게 보여서 크게 다치셨냐고 물었더니 그런 사연이 있노라 하시면서 웃는 얼굴에서 긴 한숨이 이어지고 있음을 느꼈다. 할머니는 자리를 고쳐 앉으시며 나에게 정감 있는 표정을 지으며 지금부터 자기의 지난 세월의 삶을 이야기할 테니 흉보지 말라는 말을 덧붙였다.

“내 고향은 전라남도 항구 목포이고 그곳 목포의 부유한 가정에서 자라 소녀 시절을 행복하게 보냈다우. 목포의 항도여중(지금 목포여고)을 졸업하고 18세에 결혼을 했는데 남편은 동향의 장흥 백씨 가문의 청년이었다우. 결혼 직후 한국동란이 일어나 1951년에 남편은 학도병으로 나가서 그 해 낙동강 전선에서 전사하고 말았지요. 아마 그때부터 험난한 고생이 시작됐나 봅니다. 큰아이가 세 살이며 더구나 유복자인 둘째아이가 있었으니 그야말로 청산 과부가 되어 버렸지요. 전란 중에 넉넉했던 가산은 몰수당하고 시댁이며 친정까지 모두 풍비박산이 나서 나는 어찌할 바 모르는 바보가 되었답니다. 청상과부의 두 어깨에는 먹여 살려야 할 어린 두 남매와 며느리로서 봉양해야 할 시부모님이 계셨기에 그 책임감의 압박은 말할 수 없더군요. 세상이 노랗고 덩그러니 혼자인 처지가 비통하고 처참할 수밖에 없었답니다. 앞을 보니 첩첩산중이요, 무엇을 어떻게 해야 목구멍에 풀칠이라도 할 수 있을까 하는 두려운 공포감 때문에 뜬눈으로 밤을 새우는 날이 한두 번이 아니었습니다."

나는 할머니의 지내온 삶의 이야기에 어떤 교훈적인 참신하고 진실한 내용이 있으리라는 확신이 들어서 좀 더 편안하게 해드려야겠다는 생각으로 점심시간이 가까워졌으니 내가 저 아래 산책로에서 순두부를 사올 테니 조금 기다리시게 하고 두부 한 모를 사와 함께 요기를 하게 되었다.

흉금을 비쳐 보이며 지난날의 치부를 꺼내 놓기가 쉽지 않을 텐데 나를 믿고 착한 막냇동생이려니 생각하고 혈육처럼 따사로운 정을 보내고 계시구나 생각하니 감사하고 고마운 마음이 쏟아지고 있었다. 그리고 험난한 산과 강을 건너와 지금 찬란하고 쾌청한 말년을 보내시는 할머니가 고맙고 존경스럽기까지 하였다.

"내가 고향에서 처참한 바닥 생활로 떨어지고 나니 창피하고 자존심이 상하여 고향을 떠나 아무도 모르는 타향으로 떠나야겠다는 결심을 하게 되었다우. 남아있는 몇 가지 살림을 정리하고 이듬해 두 아이를 둘러메고 고향에서 멀리 떨어진 부산으로 이사를 하게 됐답니다. 낯선 부산에 도착하여 금정산 기슭에 있는 판자촌을 찾아(지금의 금정구 부곡동) 세 목숨이 이슬을 피할 수 있는 방 한 칸을 얻게 되었답니다. 낮에는 인근에 있는 채석장에 나가(두 아이는 감독관의 임시사무실에 맡겨두고) 돌 깨고 나르는 노역을 해가며 일당을 받아 국수로 연명하는 생활을 시작했다우. 몸은 천근만근 녹아내리고 고된 일에 단련되지 못한 육신이 더 이상 버티지를 못하여 그 일마저도 그만둘 수밖에 없어서 다른 일거리를 찾던 중 주위의 따뜻한 도움으로 생선을 받아 부곡시장 도로변에서 좌판 장사를 시작하게 되었답니다. 새벽에 자갈치시장에 나가 물건을 받아 동네 부인들께 찬거리를 파는 하루살이 같은 또 다른 생활이 시작되었고 세월이 흘러 두 아이는 초등학생으로 커나가 주었습니다. 허리를 굽혀 가며 인사하고 동네 부인들을 구세주인 상전처럼 받들어 가며 단골을 확보하고 점점 자리를 잡기 시작했죠.

아마 큰아이가 초등학교 4학년 때로 기억됩니다. 생선 리어카를 뒤에서 밀어주면서 얼굴에 그늘이 져 시무룩한 모습이 보이기에 '저 아이는 항상 씩씩하고 마음이 깊은, 마치 속이 찬 어른스런 아이였는데…' 하고 두려운 마음으로 우울한 까닭을 조심스레 물었답니다. 책가방이 다 헤져서 꿰매어도 쓸 수 없게 되었다는 것입니다. 먹는 것이 없어도, 입는 것이 낡고 허술해도, 사는 집이 초라해도 친구들에게 부끄럽거나 창피하지 않았는데 공부하는 책가방이 못 쓰게 된 것이 몹시 속상했던 모양입니다.

나는 그때부터 우리 아이들의 기백만큼은 열등감을 씻어 낼 수 있도록 다른 친구들에게 꺾이지 않게 해야겠다는 마음을 깊이 새겨 가면서 긴 밤을 뜬눈으로 궁리하게 되었습니다. 희망을 갖고 긴 인생을 살아야 할 내 아이들에게 지금의 절망이나 좌절로 가슴을 웅크리게 하고 싶지 않았습니다. 공부도 뛰어나게 잘해 주었고 엄마의 고생스런 하루를 보면서 강하고 모진 인내심도 기르면서 훗날을 꿈꾸며 살아가고 있었습니다.

나는 다음날 틈을 내어 은행에 찾아가 두 아이의 명의로 저축통장을 개설하게 되었습니다. 그 통장은 15년을 간직해 오면서 예금잔고 100원(개설시 초입금과 이자)으로 변함이 없었습니다. 아이들이 새것을 필요로 할 때마다, 새 가방이며 새 신발, 좋은 옷을 사고 싶어 할 때마다 엄마는 그 값만큼 아이들 명의의 통장에 저금하겠다는 약속을 했었답니다. 두 아이의 초롱초롱한 눈망울이며 희망스러운 얼굴이 지금도 선명하게 기억됩니다. 소풍 가는 날에는 김밥만 있으면 되고 과자며 음료수며 사탕이 없어도 좋으니까 그 용돈을 자기 통장에 저축해 달라는 요청을 하면서 씩씩하게 가벼운 발걸음으로 학교 가는 아이들이 대견하고 장하기만 하였습니다.

어느 날인가 둘째아이가 돌아와 자기 반 친구가 유명상표 신발을 샀다며 자랑하기에 자기는 벌써 유명상표 신발을 샀다며 그 값을 은행 예금통장에 저축했다며 자기는 친구들이 없는 저축통장에 예금이 한 푼 두 푼 늘어나는 기쁨을 안고 으스댄다고 하였답니다. 마음이 넉넉해질 때 매사가 긍정적이고 원만하게 잘 풀린다는 말이 맞듯이 우리 두 아이들은 환하고 밝은 모습으로 항상 부자가 된 마음으로 씩씩하게 잘 자라 주었습니다. 가난은 불편했을 뿐 결코 사람이 발전하는 데 장해가 아니라는 것을 실감할 수 있었습니다."

나는 그 어머니의 믿음과 확신은 필연코 알찬 열매를 맺는 자양분이었다고 믿는다. 현대 경쟁사회에서 긍정적이고 희망에 찬 오늘을 이겨내고 내일을 설계하고 나아가는 그 할머니의 아이들이 장한 청년으로 성장하여 지금은 큰아이가 대한민국의 해병대 장성이 되었으며, 둘째아이는 현대 조선소에 관리책임자로 사회에 기여하는 모범일꾼이 되었다는 이야기를 듣게 되었다. 두 아이가 성년이 되었을 때 은행 저금통장을 꺼내 보이며 잔고가 없는 빈 통장을 놓고 세 모자가 눈물을 흘렸다는 이야기를 듣고 나 또한 콧잔등이 뭉클해지며 눈시울이 젖었다. 그 할머니의 단아한 모습이며 양손 엄지손톱의 사연이 아름답고 고와 보일 수밖에 없었다.

지난 며칠 동안 보아 왔던 할머니의 모습에서 예상이 완전히 빗나간 바보 같은 내 판단이 어리석고 가소로워진다. 세상풍파와는 무관하게 온실에서 지내오신 것 같은 귀하신 분으로만 여겨진 지금의 고고하신 모습에 경외심마저 든다.

참으로 지혜롭고 강인하신 당신의 찬란한 삶에 찬사를 보냅니다. 더욱 건강하시고 알찬 여생이 되시기를 진심으로 축복드리면서 기회가 있으시면 훌륭하게 자란 할머님의 두 자제분을 만나보았으면 하는 바람입니다.

매미의 울음

길이가 2~5cm 정도의 매밋과의 곤충을 일명 깽깽이 매미라고도 한다. 지난겨울 추위에도 죽지 않고 힘차게 살아 왔소 하고 울음으로 자기 존재를 알리고 있다. 성충이 될 때까지 새끼 알로 나무껍질 속에서 숨어 지내다 추위와 비바람을 피한 후 따뜻해진 봄날에 부화하여 뜨거운 여름철에는 깽깽이 우렁찬 소리로 울음을 울어 젖히고 있다. 수컷의 울음은 교미 전 장가들겠다는 신호 울음이고, 암컷의 울음은 새신랑이 행여 못 찾을까 봐 불안해하는 울음이란다.

그 생김새가 두 개의 투명한 백색 날개에다 세 개의 홑눈을 갖고 있어서 고대 그리스에서는 매미 신화가 있다고 한다. 수컷 매미를 잡아다가 집안에 가두어 기르면 그 소리를 즐기며 부부간의 애정이 더욱 깊어진다는 이야기가 전해 내려오고 있다고 한다. 중국에서도 매미의 울음으로 일기예보 전조를 알았다고 하니 지천에 널려 있는 매미가 인간에게 유익한 생물이었나 보다.

매미 울음소리를 날마다 산책길에서 들으니 우리 부부간의 매서웠던 지나간 일들이 생생한 모습으로 떠오른다. 찢어질 듯 칼바람을 버티고 건너온 혹한의 겨울을 지낸 우리 부부의 삶도 어쩌면 매미의 일생과 비슷한 것이 아닌가. 귀 막고 두 눈 감고 칠흑 같은 밤을 걸어간 심정으로 살얼음판을 걸어온 겨울 생활이 몇 번이었는지 깽깽이 매미들의 강한 축복을 나누어 얻어 사는 느낌이다. 혹한에서도 얼어 죽지 않고 겨울을 건너온 매미들의 행복한 노래가 이제 나에게도 행복한 합창으로 들린다.

봄에서 여름까지 쉴 새 없이 울어 대는 산책길마다 그들과 동무하여 그들의 강한 생명력에 찬사를 보내며 당신들의 노래를 함께 합창하렵니다.

면류관冕旒冠

글 쓰는 일이 힘들고 현묘해서 오욕칠정에서 벗어나고 싶어 마음의 안정을 찾다 보면 카타르시스에 빠지기 쉬워진다.

석양의 그림자는 길어지는데 남은 세월은 자꾸 짧아져 간다. 젊은 날에는 산천을 누비며 육신을 불태우고 정열의 잔칫날이었다면 이젠 농부가 가을걷이를 해놓고 흐뭇해야 할 시절이 아닌가. 그러나 너무 늦었다고 포기하는 실수를 범하지 말아야겠다.

늙어서 엄숙하게 예식을 집전하는 사제인 양 내 영혼을 다듬어서 높이 띄우는 작업을 하고 싶은 것이다. 지난날의 추억의 발자국마다 남기고 싶어지는 이야기들, 그리움이 가득한 어릴 적 이야기들이며, 젊은 날의 고뇌와 꿈을 한 가닥씩 뽑아내 한 그릇에 담아내어 글을 쓰고 싶다.

모래 속에서 사금을 찾아 캐내는 일만큼 어렵고 힘들어서 머릿속의 벽은 두꺼워져 버리고 마음만 앞서고 있구나. 앞으로 30

년이면 역으로 계산하니 지금 나이 40대로 불혹의 장년시절이라 해야 할 것들을 용기 내어 프로그램화 해본다.

푸르름이 가득한 한여름의 숲처럼 생기가 넘쳐서 온 산을 희망과 정열의 이불로 감싸는 약동하는 인생을 시작해 보고 싶다. 불꽃놀이에서 폭죽을 쏘아 올리듯 기염을 토해 내고 싶다. 세월이 흘러서 내 자식들에게 내 손자에게 자랑스러운 면류관을 쓰고 웃는 얼굴로 행복한 모습을 보이고 싶다.

인간의 세포 중 평생 3분의 1밖에 활동하지 않는다고 하니 나머지 세포를 깨워서 기름 치고 닦고 조여 가며 신비로운 힘으로 기적을 일으키고야 말 것이다. 아인슈타인도 평생 연구한 자료를 54세에 모두 도난, 소실되었으나 다시 시작하여 불후의 업적을 이루어 냈다고 하지 않는가.

섭생攝生

내가 마음을 추스른 지도 이제 6개월이 되어 가고 있다. 더불어 몸도 추슬러서 눕고 싶고 쓰러져 자고 싶었던 최악의 건강상태를 건너온 지도 반년이 지났다. 물리적으로 이제 건강검진 결과 과거 혈압은 170~90mmHg이었으나 현재는 110~60mmHg까지 내려와 정상을 유지하고 있으며, 혈당은 최고 400mg/dL에서 현재 120mg/dL으로 정상을 유지하고 있다.

지금까지 실행해 온 그 치료방법을 세 가지고 나누어 소개하고자 한다.

첫째로는 습관을 고쳐서 아침 조기 기상해서 한 시간 정도 걷거나 뛰면서 운동을 하고 있으며, 오전에는 앞산으로 가벼운 등산을 하고, 오후 시간에는 독서로 소일을 해 왔다.

두 번째로는 요로법의 실천이다. 한방에서 인뇨人尿는 상약으로 취급했다. 토혈에 좋고 내출혈에 잘 들으며 특히 폐를 강하게 만들고 담을 없애고 강장효과까지 있다고 했다. 성서에서도 자기 물통에서 물을 마시고, 자기의 우물에서 솟는 물을 마시는 것이 좋다고 했다. 여기서 자기 물이 바로 뇨尿인 것이다.

이를 믿고 마시면서 그 효능을 연구한 사람이 영국의 자연요법 연구가인 암스트롱이 쓴 '생명수'라는 책을 보니 인도의 전 수상 데사이 씨도 오래전부터 요로법을 실행하여 아침식사로 한 컵을 마신다고 했다. 지금 그의 나이 94세인데도 피부는 윤택하고 광택이 난다고 한다.

일본 내과전문의 나카오 료이치의 '기적을 일으키는 요로법'이란 책과 요로법의 선구자인 미야마스 역시 요의 효과와 기적에 대해 크게 설명하고 입증하고 있더구나. 나 역시 매일 두 컵 정도를 마시고 있다.

세 번째로는 양파를 매끼 식사마다 반쪽 정도를 먹고 있다.

양파는 페르시아가 원산지이며 알칼리성 식품으로 섬유소 활성 작용과 지질저하 작용으로 탁한 혈액을 맑고 깨끗하게 만들어 준다고 했다. 따라서 혈액순환이 좋아지고 산소와 영양의 신체에 공급이 원활해진다고 했다.

동의보감에도 양파의 효능은 고혈압, 소화불량, 당뇨병, 황달, 담석 등에 좋아 상식 복용하라고 했다. 이는 4천 년 전부터 인간이 복용한 식욕우수 식품이다.

이렇게 정당한 규칙적인 운동과 두 가지 식용 섭생으로 악성 지병인 30년 이상 된 당뇨병을 90% 완치했다고 믿으며 그 효험을 몸소 경험하였기에 확실하고 자신 있게 내 손자들에게 체험담을 써놓으니 민간요법이라고 부디 무시하지 말고 참고하길 바란다.

수목장樹木葬

나이가 들수록 더위나 추위가 무서워지니 나들이나 여행은 그때를 피하여 날씨가 누그러질 때를 선호한다. 금년 여름휴가는 가을 입구에서 아내와 둘이서 일주일 예정으로 남쪽으로 다녀오게 됐다.

내가 어릴 적만 해도 머리를 빡빡 깎고 앙상한 뼈를 드러내 놓은 듯 거칠고 메마른 골짜기며 봉우리의 산허리들이 이제는 검푸른 숲을 이루어 마치 검정색 이불을 덮어 놓은 듯 무성하고 넉넉한 숲의 장관을 이루어 내고 있다.

먼발치에서 건너다보았기에 장엄한 느낌이었지 산 아래 가까이 들어서니 한 발짝도 나서기가 무서우리만큼 잔나무들과 가시덤불이 숨이 막히도록 가득하여 앞을 가로막고 있었다. 이런 숲에 불이라도 나면 얼마나 무서운 화염에 휩싸일 거라는 방정맞을 상상만 해도 머리가 무거웠다.

몇 해 전 미국의 서부지역 산불이 수백 년 동안 지내온 울창한 숲을 재로 만들었다는 생각 때문이었다. 처음부터 계획된 산림 녹화 사업으로 곧고 바른 수종이었다면 서구의 산하나 미국의 서부 국립공원인 요세미트의 울창한 숲에 버금갈 수 있었을 텐데 하는 아쉬운 마음뿐이다. 그래도 제1 공화국 시절 박대통령의 강력한 산림정책 추진의 결과라 믿으며 마음으로 그분에게 추모의 정을 보내고 싶었다.

운동 삼아 십여 리 길을 걸어서 부모님 산소에 인사를 드리고 나오니 해가 기울기 시작하자 논둑에 선 정자에서 잠시 쉬어 가기로 했다. 80세 되신 집안 육촌 형님과 동행하였으나 그분은 나보다 더 기운차고 하나도 피곤한 기색 없이 단단한 발걸음이기에 부끄럽고 창피하기도 했다. 좀 더 체력을 단련해야겠다는 다짐을 해보았다.

어릴 적 본 냇물이며 지천에 뿌려진 돌멩이와 자갈들이며 가시넝쿨로 뒤덮여 있던 황무지 들판이 이제는 개간되고 농지정리가 되어서 옥토로 모습을 바꾸었으니 보기만 해도 넉넉한 벼이삭으로 가득하였다. 정부에서 농촌을 위한 농경사업을 성공적으로 이루어 낸 결과라 감사한 마음뿐이다.

아직까지는 산기슭에 자리하고 계신 조상님들의 분묘는 매해 벌초를 해오고 있어 다니기에 편하다 해도 앞으로 백 년이나 수백 년이 지난 뒤에는 산소 자리가 수목으로 덮일지 아니면 개간의 빌미로 옥토로 변할지 모른다는 생각이 미치자 잠시나마 산란한 마음이 들었다.

종족이나 국가의 풍습에 따라 죽음의 의식과 사후의 시신을 처리하고 간수하는 방법이 각양각색으로 중앙아시아 어느 지방에는 높은 암벽에 굴을 파고 조상의 시신을 안치하는가 하면 또 다른 지방에서는 높은 나무 위에 안치하여 새들의 먹이가 되도록 하는 풍습을 보았다. 과연 내가 죽으면 어떤 형태로 시신이 처리될까 하는 혼란스런 마음이다.

선진국에서는 한 평 정도의 평묘에 비석을 세우고 묘지공원에 안치되는 것을 보았기에, 평소 아내와 나는 가끔 화장한 후 수목장이 어떨까 생각해 보곤 했다. 물론 내 자식들의 의견에 따르겠지만!

내 고향에는 수령이 500년 된 국보급 문화재인 당산나무가 있어서 그 웅장한 나무의 품에 안겨 죽은 뒤에 세상을 살고 싶다는 생각을 가끔 해 보곤 했다. 그런 것이 아니라도 검푸른 색이 뒤덮인 깊은 산속의 우람한 나무여도 좋겠다는 생각도 있다. 높지도 크지도 않은 도심 속 안산 중턱의 모습이 오늘은 검푸른 색의 이불 바탕 속에 황갈색의 점박이가 보이기 시작한다.

추석이 가까워져서 내가 즐겨 찾는 생각의 자리 옆에 서 있는 벚나무의 옷 색깔이 황토색으로 조각조각 변하기 시작하여 나뭇잎들이 가을맞이 준비를 하고 있다. 머리 색깔이 갈색으로 물들기 시작한 것이다.

한두 달 뒤에 온통 빨강, 노랑색으로 변해 버릴 단풍철을 그려 본다. 힘찬 유월의 왕성한 젊음의 숲이 서서히 나이 들어 쇠약해 가는 내 인생길하고 비슷하다는 상념에 젖어 본다.

싸움

나라와 나라 간의 싸움이나 정벌, 또는 부족 간이나 집안 간의 싸움은 지난 역사를 통하여 알고 있는 사실이다. 현재도 파키스탄이나 이란의 전쟁은 그 싸움의 목적이나 이상이 국가의 이익이나 인류의 번영에 그 목적이 내포되고 있다 하겠으나 개인 간의 싸움은 순간의 화가 분노로 치밀면서 그 목적이나 가치는커녕 스스로 구덩이를 파고 몸과 마음에 상처를 입히고 마는 쓸모없는 일이 되고 마는 것이다. 여기서 말하는 싸움은 의미조차 찾을 길 없는 내가 십대에 일어난 사건일 뿐 가히 가소로운 일일 뿐이다.

내가 중학생이 되어 여름방학에 고향에 내려와 동구 밖으로 소를 먹이러 가는 중이었다. 한 마을 윗동네에 사는 용현(조카뻘 됨)이라는 아이는 나보다 두 살 위이며 공부도 잘해 반장을 하는 똑똑한 친구가 있었다. 그런데 갑자기 '빼기지 말라'는 야유를 보내는 사건이 있었다. 가정 형편상 그 아이는 중학교 진학을 못하였기에 나를 부러워하고 시기하는 어린 소년의 마음이었음에도 그때는 배려하는 마음은 조금도 없이 용기를 내어 그 아이를 혼내 주려는 마음뿐이었나 보다.

주변에서 막대를(약 1m) 주워 들고 달려가 그 아이의 얼굴을 힘껏 내려치고 말았는데 내 기습공격은 상상도 못하였던 모양이다. 평소에 용현이는 동네 꼬마들의 대장이었으니 어찌 내 손자병법의 기습을 막을 수 있었겠는가. 그 아이 얼굴에는 코피가 터지고 코뼈가 부러지면서 천지가 진동할 사건이 터지고야 만 것이다. 그 일로 어머니는 그 집에 가서서 백배 사죄하고 용서를 빌며 치료비로 양곡을 듬뿍 주고 사건을 마무리한 일이 떠오른다.

이순신 장군은 외적을 물리치려고 국가에 공훈을 세운 싸움이었고, 김유신 장군은 나라를 통일시키는 업적을 이룩한 싸움이었지만 내 싸움은 나라와 민족은커녕 집안망신을 시키는 위대한(?) 싸움이었으니 새싹부터 싸움의 종자가 달랐나 보다.

또 한 번 재미있는 일로는 내가 남을 때리는 쩨쩨한 사건이 있었다. 내 남동생(지금 고희)이 다섯 살 때이다. 방학이 되어 오래 그리웠던 형이 왔으니 꼭 붙어 다니던 귀여운 동생이었다. 마루에서 그림을 그리느라 모델로 왼손을 펴고 오른손으로 데생을 하고 있는데 동생이 어쩌다 종이를 움직여서 그림이 엉망이 되었다. 그 순간 화가 나서 손바닥으로 뺨을 때리는 기막힌 사건이 있었다. 착하고 영리한 동생은 입학 전인데도 구구단과 곱셈, 나눗셈까지 해내던 아이였는데 천지가 진동할 큰 사건이 터진 것이다. 형제간의 우애를 밥상머리에서 귀에 못이 박히도록 교육을 받고 자란 내가 폭행을 하고 말았으니 극악 범죄에 해당하는 내 양심은 감옥 독방에서 반성할 수밖에 없었다. 이제 60여 년이 지났으니 공소시효가 끝나버린 지 오래다.

인간의 삶 속에서 희, 노, 애, 락이 얽히고설켜서 온갖 색상으로 그림이 그려지고 있으나 형제간의 싸움이나 존속간의 갈등이 판치는 요즘 세태에 경악과 비탄의 마음을 금할 수 없는 것이 사실이다. 남을 미워하고 시기하는 사악한 마음에서 어찌 복을 바랄 수 있겠으며 남을 파괴하고 쓰러트리는 싸움이 어찌 내가 행복하고 잘 되길 바랄 수 있겠는가.

하나님이시여, 사랑과 자애를 베푸셔서 몽매한 우리에게 지혜를 주시어 찬란한 미래를 희망하며 살게 하시어 축복을 내려 주시기 바랍니다.

쓰레기

물건을 쓰다가 오래되어 못 쓰게 되거나 남아서 필요 없게 되면 버리는 것을 쓰레기라 한다. 음식물도 먹다가 남으면 쓰레기로 버린다. 음식물 쓰레기, 헌 옷가지, 낡은 가구 등등…. 사람도 늙어서 힘이 빠지고 일을 못 하게 될 때 쓰레기 취급을 받게 되는 모양이다. 고려 시대에는 늙은 사람을 산에 버리는 고려장 같은 것이 그 예이다.

물론 생각의 차이로 인해 쓰레기의 개념이 주관적인 가치판단의 기준이 있겠으나 객관적인 관점에서도 쓰레기의 그릇 속에 사람들을 집어넣고 있는 것이 요즘 세태다. 과거의 잘못된 일이나 행동이 현재에 이르러 쓰레기로 판단되어 자기를 속박하는 굴레가 되기도 하며, 앞으로의 불안이나 두려움 때문에 현재를 속박하는 굴레로 역시 자신을 쓰레기화 시키는 우를 범하고 있기도 하다.

실패가 타인의 웃음거리가 될 때도 있으나 타인의 반대나 비웃음이 종종 자기 자신을 비하하고 학대하는 공포심을 만들어 내기도 한다. 그러나 타인에게는 타인의 생각이 있고 그 틀은 엄밀히 자신과는 관계가 없으며 아무 영향을 끼치지 않는다. 자신의 생각을 독립적으로 선언하며 과감하게 자존과 자긍심을 심어서 선택해야 할 것이다.

자신의 도피적이고 패배적인 의식을 피하고 지금까지의 태도나 생각을 적극적으로 바꾸어 변화시켜야 할 것이다. 설혹 과거의 실패나 과오로부터 무엇인가를 배우고 개선하려는 반성이 있다면 이는 건전한 것이며 성장을 위한 필요 불가결한 요소인 것이다.

자책의 불건전한 것은 과거시간에 관해 상처를 입거나 동요하거나 낙심하면서 자기 정력을 허비하는 것이며 이것은 무익한 것이다. 아무리 자책해도 과거는 되돌릴 수 없기 때문이다. 실패가 없었다면 아무것도 배울 것도, 깨우칠 것도 없는 것이다. 바꾸어 말하면 실패 없는 성공은 존재하지 못한다는 의미다.

산을 오르다가 휴지나 담배꽁초를 줍는 할아버지 한 분을 만났다. "안녕하세요, 수고하십니다"라는 고마운 인사를 건네고 한자리에서 쉬게 되었다. 자기는 자원봉사자가 아닌 생활보호대상자로 주 3일 쓰레기를 치우고 정부에서 2십만 원을 받는 이 일을 해오고 있다고 했다.

어찌하다 남에게 전 재산을 사기당하고 이제 몸만 남은 처지가 되어 고희를 지난 나이로 폐품 인생이 되어 쓰레기를 치우는 일을 하고 있으나 가끔 고마운 인사를 전하는 따뜻한 사람을 볼 때는 자신을 속박하는 굴레를 벗고 자긍심을 가지려고 애쓰신다고 하기에 그분의 생활 철학이 순간 나를 부끄럽게 하고 말았다.

존속을 살해하고 해치기를 쉽게 하는 요즘 세태가 무섭고 한심한 것은 어디에다 하소연하고 누구를 탓해야 하는가.

영국 속담에 '쓰레기 같은 인간'이라고 했다. 인간을 저주하고 경멸하는 가장 매서운 욕설로 상대를 가리켜 인간의 도리를 잃어버린 금수 같은 인생이라는 최악의 감정표현이라고 했다. '짐승만도 못한 놈, 개만도 못한 놈'이라는 말로 우리도 종종 쓰레기 같은 인간이라는 말을 듣는다. 지난 범죄에 대한 현재의 속박을 뜻하며 굴레를 씌우는 일이라는 의미며 앞으로의 저주까지도 포함되는 무서운 욕설일 뿐이다.

지금은 쓰레기가 한곳에 모아져서 비옥한 토양으로 변하고 각종 화초가 재배되는 단지로 탈바꿈되기도 하고, 서울의 서북부 지역의 쓰레기 집하장이었던 난지도는 이제 그 모습이 변하여 '하늘공원'이라는 시민의 명소로 변하였다. 쓰레기 집하장에서 천연가스가 생산되어 쓰레기도 인간에게 이로운 역할을 해내고 있지 않은가.

쓰레기 줍는 할아버지야말로 꽃밭을 일구는 아름다운 일을 하는 역군이며 천연가스를 만들어 내는, 폐품인생이 아닌 재생되고 있는 본받아야 할 인생인 것이다.

부디 건강하시어 축복을 누리고 여생을 보내시길 빌 뿐이다.

홀아비 상상

나이 든 노인들의 음악에 대한 취향은 흘러간 노래인 우리의 전통가요에 한정되고 있는 것이 대부분이다. 우리 내외도 마찬가지로 흘러간 노래를 좋아해서 매주 월요일 가요무대 프로를 한 시간 동안 즐겨 보아 온 것이 어언 30년쯤 된다. 아내가 처녀 시절부터 시골 장터에서 바람 타고 넘어온(스피커) 흘러간 노래를 좋아해서 지금까지 우리 고유의 멋과 한이 서린 가요를 사랑하기 때문이다.

어제는 아내가 내 원고를 컴퓨터에 입력하느라 가요무대 시간에 서재 방에서 작업을 하였기 때문에 나 홀로 안방에 앉아서 TV를 시청하게 되었다. 유명 가수들의 애창곡 시간으로 송대관이 자기 애창곡이라 소개하며 '여보 잘 가시오'라는 가요로 노년의 할아버지가 먼저 떠난 아내를 그리워하는 내용의 노래를 구성지게 부르는 모습을 보고 콧등이 시리기 시작하였다. 평소에 항상 옆에서 가수와 같이 따라 부르던 아내의 모습이 없어 불현듯 홀로 있는 나를 상상하며 가을 낙엽처럼 황량하게 구르는 신세일거라 가정하면서 자신을 더듬어 보게 되었다.

오래전에 읽었던 어느 부부의 글이 떠오르며 그때 내 눈시울을 뜨겁게 한 몇 구절들이 생각났다.

"지금까지의 인생이 혼자가 아니어서 참 행복했다오. 곱고 희던 그 고운 손으로 양복을 입혀주고 그때가 어렴풋이 기억이 나구려. 막내아들 대학에 합격하던 날이 어렴풋이 생각나구려. 큰딸아이 결혼식 때 상기된 당신의 얼굴이 생각나구려. 인생은 그렇게 흘러 황혼으로 기울어지는데… (중략) 다시 못 올 먼 길을 어찌 혼자 가려 하오. 여기 나를 두고 여보 왜 말이 없소. 부디 안녕히 가시오."

황혼 길에 선 남편이 사별한 아내를 그리워하는 절절한 심정을 나타내는 글이다. 인생의 반세기 동안 가장 가까웠던 벗인 아내를 다시 깊이 생각하게 만든 시간을 보내면서 두 눈에서 구슬 같은 눈물이 주르륵 흐르는 것은 지난 젊은 시절에는 상상도 못했던 감상적인 일이라 늦었으나 철이 드는 모양이다.

연약함은 도와주고 부족함은 채워주고 허물은 덮어주고 좋은 것은 말해 주고 잘하는 것은 칭찬해 주는 것이 부부간의 도리며 사랑일진대 수많은 부부 중에 그릇된 잘못을 일삼거나 볼품없이 사나운 부류의 혐오스러운 부부들이 얼마나 많은가. 지난 세월을 뉘우치고 반성하는 무리 중에 서 있는 자신을 고백하고 싶다.

요절한 가수 하수영이 부른 '아내에게 바치는 노래'를 가끔 부른다. 속죄하는 마음에서인 것이다.

"젖은 손이 애처로워 살며시 잡아본 순간 거칠어진 손마디가 너무나도 안타까웠소…. (생략)"

천 년 전의 업보가 이승에서 백 년의 인연으로 서로 만나 향기로운 삶을 보내다가 억만 겁 허공의 세월 속으로 사라질 때까지 아름다운 부부가 되고 싶을 뿐이다.

중국 춘추전국시대 때 제나라 사마천의 '사기史記'에서 나온 관중과 포숙의 우정도 교훈적인 '관포지교管鮑之交'라는 훗날 우정의 상징 표어가 되었으나 사실은 관중이 포숙에 의지하며 부족한 것을 도움 받고 한평생 살았다는 우정과 사랑의 내용을 의미한다고 했다.

50여 년 반세기 동안 부족한 사람을 돕고 채워 주는 아내의 자리가 진한 벗의 교훈보다 더 값있고 빛나는 것이 아닐까.

안빈지족安貧知足

한여름의 중턱에 들어섰는데도 30℃를 오르고 있는 불볕더위가 몸과 마음을 풀어헤치고 있다. 오늘 점심에는 콩국수를 말아 시원하게 여름 별미로 배를 채우고 나니 비록 넉넉하지는 않더라도 편안하면서도 내 분수를 지키며 만족해하고 있으니 이것이 안빈낙도가 아닌가 싶다. 옛 성현들의 맑고 청빈한 기풍을 흉내 내는 마음인 것 같다.

가난한 생활을 하면서도 평안한 마음으로 분수를 지키며 나물 먹고 물 마시고 팔 베고 누워 이것이 상 놀음이라 했으니, 한편으로 생각하면 그들의 삶의 자세야말로 현대사회에서는 염세적이거나 자기 비하의 모양으로 비쳐질 수 있겠다.

옛날 중국의 학자인 왕희지의 아들 왕휘지王徽之라는 분은 한밤중에 흰 눈이 오는 것을 보더니 갑자기 멀리 있는 친구가 생각나서 그 친구를 찾아 나섰다가 그 친구 집 앞에서 친구를 부르지 않고 다시 돌아왔다고 했다. 그 이유는 친구를 만나 붙들고 미주알고주알 볼품없는 세상 이야기를 하다 보면 홍겨운 기분과 마음을 상하게 되고 평안한 마음의 향기를 잃어버릴까 싶어서였단다.

여기에서 마음의 여유에 대한 의미를 다시 한 번 음미해 보지 않을 수 없구나. 좀 모자라고 아쉬운 여백이 있어서 숨통이 트이고 삶의 여유가 묻어 있다는 뜻일 것이다. 인간관계도 그리움과 아쉬움이 남아 있어야 다음을 기다리고 또 다른 희망을 지니면서 오늘을 홍겹게 살아갈 수 있기 때문이다.

합리적이고 이해타산적일 때 그 득실에 매달려서 사는 현대인들에게는 눈 내리는 밤 친구를 찾아 나선 그 홍겨운 기분과 마음을 다 채우지 않고 남겨둔 여유가 삶의 향기로 받아들이는 운치가 아니겠는가.

어린이 날

5월로 접어들면서 산 얼굴빛이 연초록색으로 변해가고 듬성듬성 연분홍 색깔이 솜뭉치처럼 내려앉은 것이 완연한 봄이로구나.

나는 아침을 먹고 나면 습관처럼 대문을 나선다. 오늘은 먼저 안산에 들르고 내려오는 길에 도서관에 가야겠다고 마음먹으며 개천가 뚝길에 들어섰다. 예전에 보지 못했던 천막들이 즐비하게 들어서 있는 광경을 보았다. 젊은 학생들과 군인들이 섞여 '자원봉사자'라는 명찰을 목에 걸고 분주히 돌아다니고 있었다. 오늘이 어린이 날이기에 축하행사를 하려는 모양이었다. 보통 휴일이면 운동 나들이 하는 노인들 모습만 보다가 젊은 아주머니나 학생들의 모습이 싱싱하게 느껴졌다. 텐트마다 간이음식 준비며 아이들의 놀이기구 장치까지 분주히 준비하고 있는 모양으로, 지난날 내 아이들이 자랄 때 어린이 날하고는 너무 달라 격세지감이 느껴진다.

분수대 앞에는 단체 어린이들의 운동시범 무대까지 설치해 놓았으니 오늘 행사가 구경거리가 될 성싶다. 초등학교 3, 4학년쯤 된 아이들의 검정 유니폼 등 뒤에 '고려 튼튼'이라는 글씨가 있어서 그저 씩씩하게 자란 모습이 보기 좋았다. 이 노인에게는 흐뭇하고 즐거운 광경이 아닐 수 없다.

내 아들이 저 또래였을 때가 번뜩 떠오르며 50여 년 전의 시간을 거슬러 올라 가만히 추억 속에 빠져들어 얼굴에는 잔잔한 미소가 일었다. 그때는 어린이 날이래야 서울에서 고작 갈 수 있는 곳이 어린이대공원과 용인에 있는 민속촌뿐이었으니, 이런 홍제천은 시골 개울가에 불과한 초라한 실개천이었다.

어느 해 어린이 날 아마 용인 민속촌에 아이를 데리고 소풍을 간 기억이 있다. 큰애 둘은 중학생이라고 하면서 외면당했던 기억이 난다. 그래도 지금 네 아이들이 훌륭히 자라서 삼사십대의 사회의 동량이 되었으니 대견하고 감사한 마음은 한이 없으며 세상 부모의 마음은 한 치도 틀리지 않고 같으리라 믿는다.

며칠 전 어린이 날 선물로 손자 녀석이 장난감 자동차 선물을 사달라고 전화했었다. 그 목소리며 모습이 생각만 해도 흐뭇하고 즐거운 것이 할아버지의 마음인가 보다. 그런데 한편 마음 한 구석에서는 아쉽고 미안한 후회가 밀려온다. 철없고 부질없이 보낸 지난 세월 때문에 가슴이 먹먹하다. 시간이 흐르고 지난 뒤에야 후회하고 반성하게 되는 그래서 어리석고 몽매하다고 하지 않았던가.

중년이 되어 버린 아이들에게 어린이 선물이라 여기면서 양서 한 권씩을 보내려 함은 그나마 다행스런 행복이 아닐까. 큰아이한테 미국 주소를 적어 받으며 이런 삶도 축복이겠지 하며 자위하고 싶다.

워메이

흔히 사람들은 나이가 들수록 자기 연민이나 자기 비하에 빠지기 쉬워진다. 그것이 미덕으로 느껴지기 때문일 것이다. 그러나 마음이 부정적으로 향하고 있으면 몸의 상태도 역으로 나가고 있으리라 여겨진다.

자기를 사랑하고 귀하게 여기는 자세야말로 몸의 건강을 살피고 병을 치유하게 되는 쉬운 길인 것을 쉽게 잊고 지내게 된다. 이런 마음이 독선으로 또 자만이나 교만으로 오해받기 쉬우나 그것과는 확실히 다르다는 정신분석 심리학자들의 이론이 있다고 들었다.

여러 해 전 타임지의 베스트셀러 작가인 웨인다이어가 쓴 '착각시대Erroneous Zone'란 책을 읽은 기억에 의하면 인간의 감정과 생각이 이미지 요법화해서 지병을 낫게 하고 불치의 병까지 완쾌시킨다는 이야기를 들은바 있다. 약한 마음이 병을 부르고 키우며, 자기를 사랑하고 높이 여기며 어두운 속박을 벗어버리고 자기연민을 털어낼 때 마음의 행복과 몸의 건강을 가져올 수 있다는 것이 내가 요즘에 느끼는 자각 증상이다.

지난해 지친 몸으로 골목으로 들어서고 있을 때 손자의 모습이 눈에 들어왔다. 아마 그 애는(26개월) 나를 미처 보지 못한 모양이지만 순간 나에게는 기쁨의 감정이 솟구치고 있었다.

할아버지를 보는 순간 갑자기 아장아장 발걸음이 빨라지기 시작하며 달려오고 있는 모습이 마치 온몸에 번개가 감싸는 듯했고, 녹초가 되어 있던 몸과 마음을 일으켜 주는 것은 손자가 할아버지에게 주는 보약이 아닌가. 원기회복에 이만한 게 또 있을까. 그래서 나는 스스로를 행복하다고 추스르기 시작했고 어둡게 스며든 연민의 구름을 걷어내기에 이르렀다.

할머니가 쏟아내는 손자의 사랑은 형언할 수도 계량할 수도 없는 것은 만인의 공통분모일진대 밥을 먹이고 옷을 입히고 기저귀를 갈아 끼우는 일을 하다가 갑자기 물건이 떨어질 때 자연스레 놀라는 표현으로 '워메이(전라도 방언으로, 어머나)'라고 할 때가 종종 있었다. 그런데 어린이집에서 조심스럽게 탑쌓기 놀이를 하다 중심이 무너져 허물어질 때 손자 녀석이 리듬 있게 감정을 섞어서 '워메이'라는 소리를 자연스레 했던 모양이다. 어린이집 선생이 그 애 엄마에게 이게 무슨 소리냐고 물어보기까지 했다는 이야기를 듣고 온 가족이 한바탕 웃음꽃이 핀 적이 있다.

나에게는 손자의 반가운 발걸음이나 '워메이'라는 사투리 감탄사가 정겹고 흡족하고 잊을 수 없는 행복임에 틀림없다. 이런 손자와의 연결고리가 꺼질 뻔한 할아버지들의 활력제로 이어지고 있는 것이 삶을 윤택하게 하는 힘이 아닌가 생각된다.

이발

옛 우리 조상들은 머리카락을 길러서 상투를 올리거나 댕기를 땋았기에 머리를 자르거나 다듬는 일이 없었다. 나라가 망하고 일본의 점령 하에 단발령이 내려지고 부득이 머리를 자르게 되었다. 물론 온 국민의 저항이 있었다. '신체발부는 수지부모'라 하여 부모님으로부터 타고난 머리를 잘라 버리는 것이 불효였기 때문이다.

물론 어버이께서 주신 생명과 육체를 손상시키는 것은 사람의 도리에 어긋나는 일인 것은 현대에서도 마찬가지다. 지금은 머리 모양이 너무 다양하여 노랑색이며 빨강색이며 온갖 색칠을 하는가 하면 한쪽은 밀어내고 반쪽만 세우기도 하며, 심지어는 머리를 태극모양으로 잘라서 태극기를 이고 다니는 젊은이들까지 있으니 정신이 혼란스러운 지경이 되고 있다.

소위 락 가수라 자처하는 젊은이들은 하나같이 긴 머리를 하는 것이 유행이라 '나는 가수요'라는 징표인 것 같고, 머리를 칼날처럼 세워서 마치 인디언들의 깃털을 꼽고 다니는 것 같은 젊은이도 있으니 요지경 속이 아닌가. 옛날 사람인 나의 고루한 생각에서 나온 투정이 아닐는지.

나는 한 달에 한 번꼴로 머리를 적당하게 자르는데 소위 이발관에 가본 지가 오래됐다. 수십 년 동안 아내의 솜씨에 의지해서 해결하고 있기 때문이다. 그 솜씨는 내 아들놈이 초등하교 시절부터 익힌 솜씨라 믿을 만하다.

내 손자 놈의 머리는 아직 전문 미용사에게 맡기고 있으나 머지않아서 할머니가 손수 하리라 믿는다. 사랑하는 가족에 대한 헌신과 봉사로 인하여 스스로 행복한 마음을 얻을 수 있기 때문이다.

내가 청년시절에는 이발관에서 이발하고 고데기(가위 모양의 기구)를 불에 달구어서 머리를 눕히고 정리한 다음 포마드 기름을 바르고 다듬어 모양을 내기도 했으며, 가끔씩 뜨거운 고데기가 살에 닿아 화상을 입기도 하였으니 지금과는 격세지감이 아니겠는가. 그때의 사진을 보면 어느 영화에서 본 2차대전 당시 남태평양의 군도 버마에서 전쟁에 미쳐 날뛰는 일본군 병사의 머리모양처럼 단단하고 모질게 보여서 큰 웃음이 나곤 한다.

세월이 흘러서 내 아내가 힘이 빠지고 허리가 굽으면 내 머리는 다듬는 이발이 아니라 상고머리도 아닌 민머리로 해결해야겠구나 생각하니 그동안 아내로부터의 이발 행사가 더욱 새롭고 따뜻해진 것은 오랜 세월을 함께해 온 인정이 아닌가 싶다.

인생의 전환점에 서 있다

나는 인생이란 반복이라 생각한다. 매일 아침마다 날이 밝으면 으레 잠에서 깨어나 세수하고 아침을 먹는다. 어제와 같이 사무실이나 집에서 똑같은 일을 되풀이한다. 저녁이 되면 어제 퇴근했던 길을 따라 집에 들어와 잠을 잔다. 물론 내일도 똑같은 하루가 반복된다. 이런 면에서 확실히 인생은 반복이라 할 수 있을 것이다.

그러나 여기에 예외가 있다. 반복의 생활이 계속되고 있으나 무엇을 위하고 무엇을 향한 반복이냐에 따라서 그 과정과 결과가 확연히 구분되기 때문이다.

내 일과 중 앞산을 오르는 길에서 고령의 노인들을 많이 만나는데 대부분의 노인들이 지나간 무용담을 자랑하며 한때 큰 재산(?)을 모으기도 했으며 어쩌다 실패하고 말았다는 내용이다. 여기에서 인간은 초라했던 과거나 현재를 감추려 하는 심리 현상을 느낄 수 있다.

어느 통계에 의하면 노인들의 80% 이상이 자기 나름의 과거 일들을 곱게, 또는 부풀려서 포장하여 채색하려는 심리 속에서 살아간다고 했다. 그건 젊음을 잃어버린 슬픔을 이겨내려는 보상욕구이며, 불확실하나마 미래의 두려운 마음을 감추려는 속마음일지 모른다고 생각된다.

나 역시 지난날의 아름다운 일들과 자랑하고픈 사건들이 있으나 엄밀히 말하면 어둡고 회한스러웠던 일들이 더 많이 가슴을 차지하고 있음을 고백한다. 그러나 찬란했던 사건들은 추억이라는 포장에 넣어두고 한 20여 년 후에나 풀어보고 싶어진다. 인생의 무대가 영원히 존재하지 않으며 언젠가는 반드시 끝나고야 마는 한정된 존재이기는 하나 지금의 무대가 힘들고 초라해도 좋은 추억은 아끼고 남겨두고 싶어진다.

사는 것이 지리멸렬한 고통의 연속일 때 나도 모르게 신에게 매달리게 되고 절대적인 구원을 바라게 되는 모양이다. 그래서 지혜와 용기를 달라는 기도의 마음을 하나님께 소원하게도 된다. 기독교에서 하나님을 향한 믿음이 인간의 절대적인 존재를 의미하며 인간의 모든 삶을 이끌어 가는 창조주 하나님 앞에서 모든 것을 다 맡길 때 비로소 진정한 마음의 평화와 구원을 얻고 살 수 있다고 하였으나 수많은 사람들이 신을 믿는다 하면서도 자기 생각을 앞세워서 자신의 짐을 내려놓지 못하고 힘들게 살아가고 있는 것이다. 그래서 신의 섭리와 인간의 운명에 대하여 많은 생각을 하게 된다.

나에게도 때로는 습관적인 무기력함이 있어 파괴본능이 더 기승을 부리며 스스로를 괴롭힐 때가 있다. 그럴 때는 '첫' 자로 시작되는 말을 주술거리며 마음을 열고 그 기쁨을 느끼려고 애쓴다. 첫 번의 시작, 첫 만남, 첫눈… 듣기만 해도 설레는 말이다. 경이로운 새로운 각오와 순결함이 나에게 링거 주사액처럼 힘이 솟게 하고 있으니 지금부터라도 시작을 의미하는 첫 마음을 소중하게 안고 싶다.

겨울이 가고 봄이 오면 땅에서도 봄기운이 솟아나서 자연의 경이로움을 보여주듯이 나에게도 지금까지의 어둡고 긴 겨울을 지내왔다면 분명 봄도 저만치에서 찾아오게 되어 있다. 첫 각오로 시작할 수 있는 시간들이 눈앞에 와 있는 것이다. 미래를 상상하고 자신의 미래 모습을 상상해 봄으로써 성공한 인간이 되고 싶은 것이다. 전지전능한 신처럼 저 높은 곳에서 완벽하게 내 미래를 볼 수 없으나 어떤 프레임으로 볼 것인지는 내가 선택할 수 있기 때문이다.

생각의 틀을 바꿈으로 과거의 고정관념을 버리고 새로운 프레임으로 보면 세상은 달라지고 행동의 변화를 가져온다 했다. 미래를 보는 시각도 긍정적이고 낙관적으로 가지고 있어야겠다. 지금 아무리 파도가 치고 하늘에 먹구름이 가려 있어도 남들이 못 보는 파도 너머에 평온한 바다가 있고 먹구름 뒤의 태양을 볼 수 있어야 하겠다. 지금부터의 시간은 여생(남은 시간)이 아니라 후반의 인생이라 생각하고 싶다. 새 인생을 시작할 때인 것이다. 노인들에게 가장 어려운 숙제인 '아름답게 죽는 일'보다 더 어려운 '아름답게 늙어가는 일'에 그 목적을 두고 싶어진다. 그래서 오늘 위대한 인생의 전환점에 서 있게 된다.

웰 에이징Well aging과 웰 다잉Well dying을 위하여….

저녁 산책길에서

붉은 노을이 검은 핏빛처럼 거무튀튀하게 변해 가더니 서서히 어둠이 내리고 있다. 저녁의 바람소리들만 귓가에서 살랑거리며 불어대고 있다. 산 위로 오를수록 검은 장막을 쳐 놓은 것처럼 어둡고 조용해졌다.

골짜기의 샘물들이 모아져 산개울을 찾아가느라 나지막한 음성으로 조잘대면서 흐르고 있구나.

하늘에서 별들이 반짝이며 얼굴을 내밀고 낙엽들은 물결에 부서지고 돌멩이에 부딪쳐 흔들거리며 물살을 타고 내려가고 있구나. 쉬었다 부서지기도 하며 몸부림을 쳐 대며 갈 길을 재촉하여 멀리 한강을 향해서 달려가고 있겠지.

약간 이지러진 달이 산 위로 올라앉았다.

달빛은 소나무 숲을 지나면서 어른거리는 달그림자를 만들어 내고 개울물 위로도 빛을 쏟아 내리고 있구나. 나는 천천히 오르며 산림욕장에 놓인 긴 벤치에 기대어 두 다리를 포개고 앉아 쉬었다.

주위는 조용했다. 어디선가 캥캥거리는 개 짖는 소리가 들려온다. 아마 나처럼 저녁산책을 즐기는 모양이다.

다시 일어나 왼쪽 등성이를 넘어 몇 년 전부터 애용하던 정자(나만의 별장)가 있는 곳으로 발길을 옮겼다. 그곳에는 헌 벽시계가 있어서 시간을 알 수가 있고 바닥에는 헌 대나무 돗자리가 있어서 드러누워 잘 수도 있는 내겐 익숙하고 편한 곳이기도 하다.

사방이 너무 적막해서 개 주인이라도 만나길 바라면서 고독하고 쓸쓸한 마음을 달래고 싶다. 인간은 이렇게 외롭고 그래서 혼자 사색하고 고민하며 살아가는지도 모르겠다. 이제 모든 마음의 짐을 벗어버리고 온유하고 편안하게 나만의 긴 여정의 끝을 가고 싶다. 그것이 본능이다.

죽음에 대해서

사람이 여성의 자궁 속에서 나온 뒤 지상의 삼라만상 속에 뒤엉키어서 살다가 종국에는 죽음으로 우주의 공간 속으로 떠나게 된다. '천지현황天地玄黃'이라 하늘은 쪽빛같이 푸르고, 땅은 누렇고 만물이 솟아나는 모태이며, 하늘은 영원히 우리가 사라지는 공간인 것이다. 그래서 죽어서 맞이하는 하늘은 신비로운 세계이며 넓고 거칠다고 한 모양이다.

사람이 빈손으로 태어나 죽으면 한줌의 흙으로 변하여 사라지는 죽음에 대해 한번쯤 생각해 보는 것이 영원한 숙제인 것이다. 토속신앙에서부터 기독교나 불교에서 하나같이 우리의 삶과 죽음에 대하여 깊고 넓은 여러 가지 학설을 연구하여 내놓았다.

지치고 힘든 생활로 인해 몸에 기운이 빠지고 마음이 아플 때 누구나 한번쯤 죽음을 생각하게 되고 그리워하는가 보다. 재미있는 것은 노인들이 입버릇처럼 빨리 죽고 싶다는 말을 자주 하고 사는데 모두가 크게 거짓말을 하는 것이라 믿는다. 이는 지금의 고통과 짐을 모두 벗어 버리고 싶은 이기적인 욕심에서 빨리 눈을 감고 죽음의 세상으로 도망치고 싶다는 증거이기 때문이다.

엄밀히 말하자면 현재의 고통이 죽음의 두려움이나 공포보다 더 크거나 작거나 그 비중을 가늠할 수가 없으니 막연하게 죽으면 평안하고 안락한 세상을 맞이할 것이라는 기대가 훨씬 크기 때문일 것이다. 특별히 성현들의 죽음에 대한 철학이 예외가 있을는지 우매한 범부의 생각으로는 짐작할 수가 없다.

천하를 다스렸던 진시황제가 오래 살고자 불로초를 구하라고 신하들에게 명하였고 하나님께 의지하는 목회자나 석가모니를 따르는 불제자들 역시 살아있는 동안 신앙인으로 옷을 입고 죽음의 세상으로 천천히 늦게 가고 싶은 몸부림이라 생각하고 싶은 것이 나의 솔직한 고백이다.

며칠 전 신문을 보니 국내에서 명성을 떨친 유명한 목회자가 그 교회 장로들과 법정 다툼이 있다고 했다. 그 목회자 개인의 기념관 건립에 신도들이 정성스런 헌금으로 모아진 성금 100억 원을 쓴다 못 쓴다 하는 내용이다. 더불어 자식들 간에 송사도 있었다 하니 대를 이어 신도들의 헌금을 놓고 이전투구하는 추악함을 엿볼 수 있었다.

진정으로 신도들을 생각하고 이웃과 인류를 위하는 성직자라 할지라도 기념관을 짓는 역사적인 인물들의 흉내까지 내야겠는

가. 참된 목회자의 본분인 가난하고 불쌍한 이웃에게 베푸는 본래의 목적이 더 앞서고 더 먼저 실천되어야 하지 않을까 한다.

과문한 탓인지 모르겠으나 인류와 국가를 위한 역사적 인물의 업적을 기리기 위한 후손들의 기념관 건립 이야기는 들어 보았으나, 생전에 참모들과 다투고 싸우면서까지 개인의 기념관이 필요한지 모를 일이다. 죽으면 끝나는 것이다.

불교에서는 영혼이 따로 있어서 극락에서 왕생하여 행복을 누리고 살게 된다고 했지만 아무도 경험하지 못한 것이 진실이며, 기독교에서 예수님을 따라 그 품안에서 죽으면 다시 부활하여 또 다른 영혼의 삶을 산다는 것도 사실은 경험되어진 진실이 아닌 하나의 학설이며 인간들이 만들어 가는 신앙으로 꾸며 놓은 것이라 믿어진다.

수년 전 백백교 교주가 마침내 금수만도 못하는 신앙의 신성한(?) 교주로 판명됐고, 영리화되어 가는 일부 교회를 보는 것이 나만의 착각이었으면 좋겠다. 선교와 헌신으로 평생을 바치는 존경스러운 목회자와 불교자들이 더 많이 자리 잡은 세상이었으면 하고 바랄 뿐이다.

미국의 세계적인 부호 워런버핏과 빌게이츠 같은 분들이 수천억 원씩 자기 전 재산의 95% 이상을 사회에 기부하여 기부문화에 앞장서서 등불을 밝히고 세계인의 칭송을 받은 바 있다. 사회가 자기들의 재산을 모아주었으니 다시 그들에게 돌려주어야 한다는 숭고한 정신의 본보기가 아닌가.

헐벗고 가난한 사람들을 위해 평생을 헌신하신 목회자나 선사 그리고 사제님들의 살신성인의 반열에 오르신 국내외 훌륭한 인사들의 업적들을 많이 알고 있다. 지금이라도 개인 기념관 건립이 아닌 병원이나 공장을 건설하여 수많은 사람의 병을 치유하고 수많은 젊은이들에게 일자리를 만들어 주는 빛나는 사업을 고려해 봄은 어떨까 바랄 뿐이다.

몇 년 전 어느 가수가 찌들고 그늘진 곳에서 10여 년을 고생하다가 '쨍 하고 해뜰 날'이라는 노래를 부르며 가수왕에 올라 큰 재물과 명성을 얻었다고 했다. 생기 넘치는 삶을 갈구하는 마음이 그를 정상에 올려놓았고, 반면에 비탄과 슬픔에 젖어드는 낙엽 지는 가을을 부른 가수는 그렇게 쓸쓸하게 생을 마쳤다고 했다. 우리는 여기에서 100년도 못 사는 인생인데 이왕이면 희망과 꿈을 노래하며 살아갈 때 그 맛과 향기가 그윽한 삶이 아닐까 생각한다.

내가 하나님에 가까운 목회자라는 허울을 벗어버리고 진정으로 겸허하고 검약하게 주변을 정리하여 그 은혜가 빛이 나서 영원토록 기념하고 퍼지는 기념동상으로 업적을 기려야 존경을 받고 이어갈 것이다.

지난날의 반성

내 몸과 마음이 뭇 별들이 깜박이는 광활한 저 하늘 속으로 이끌려 가고 있다. 무한한 공간에 그냥 흡수되어 버린다. 그래서 고통도 그리움도 인간의 이기심도 매달리던 소유욕도 바라서는 안 될 욕망도 저 멀리 던져 버리고 싶다. 이 광활함 속에 내 벌거벗은 알몸을 맡기면 미생물 같은 작은 존재가 되어 영혼은 육체를 떠나 저 공간으로 서서히 빨려 들어가겠지. 영혼이 떠나버린 육신은 갑자기 무용지물이 되고 내 자신이 이렇게 서 있는 것조차 잊어버리고 둥실둥실 떠다니고 싶다.

어둠의 신비 속으로 길 떠나 영혼이 제 길을 찾아서 그렇게 떠나고 나면 평온이 찾아와 육신을 감싸 안을지 모르겠다. 세 걸음도 걷기에 지친 육신은 허물어지고 말았구나. 몸을 추스르고 난 연후 천리 길을 걸어서 고향까지 갈 수 있을는지. 내가 저질렀던 과오로 죽음에 이르렀던 밤의 기억이 영원히 부끄럽게 남아 있다. 내가 가는 최악의 길로 들어섰다가 발길을 돌린 것이다. 신은 인간이 저지를 수 있는 죄가 어떤 것인지 나에게 알려 주었다. 그렇게 해서 내 스스로 제자리로 돌아와 서게 하신 것이다. 그것은 짙은 암흑과 같은 현실 속에서 섬광처럼 지나간 빛으로 반사되어 가능성을 보이고 있다. 그것은 어떤 찰나에 내 안으로 들어와 나를 변화시키는 힘이라 믿는다.

'너는 지난 생을 과연 충실히 정직하게 살았는가?' 하는 질문 앞에서 나는 떳떳하지 못했음을 안다. 한없이 나약한 본성만 보였을 뿐 시련의 소용돌이 속에서 헤어나지 못하였으니 참으로 수치스러운 일이다. 모든 현실을 받아들이고 자신에게 반역하는 마음의 죄를 짓고 싶지 않으련다.

책을 선물하다

나는 나태하게 살았고 꿈틀거리는 벌레에 불과했던 것이다. 주는 양분만 빨아 먹었을 뿐 무엇을 위해 살아야 한다는 목적 없이 이제 여기까지 와 있다. 자신을 질책하고 힐난한들 무슨 소용이 있겠는가. 내가 살아온 삶이 선이라는 미명 아래 아이들을 기르고 가정을 영위해 왔다는 포장으로만 내세울 뿐이다.

이제 참 생활 속으로 들어서서 거기서 채찍을 맞으며 삶의 아픔을 진실되게 음미해야 한다. 발가벗고 온몸으로 매를 맞듯이 아픔을 느껴야 한다. 늦었지만 무엇인가 내 안에서 서서히 머리를 쳐들고 있음을 느끼기 시작한다. 나는 후회하지 않으며 울지 않으며 내 속에서 극복의 힘으로 나를 조용히 밀어 올려주는 느낌을 받고 있다.

신은 내가 저질렀던 과오가 어떤 것인지 조용히 나에게 알려

주고 있다. 내 스스로를 제자리로 돌아와 서게 하신 것이다. 그것은 짙은 암흑과 같은 지난 현실 속에서 섬광처럼 지나간 빛으로 반사될 가능성이 있었다. 그 섬광은 어느 찰나에 내 안에 들어와 나를 변화시키는 힘이라고 믿는다.

어제는 신촌서점에 들러서 아내에게 주려고 책 한 권을 샀다. 소아마비 1급 장애인 장영희(영문학 박사) 교수가 쓴 '단 한 번의 내 인생'이라는 에세이집이다. 평소에 독서에는 별 취미가 없는 아내가 노인대학에 다니는 차 안에서 읽을거리가 있었으면 하기에 너무 반가운 마음에 구입한 것이다.

지금은 고인이 되었지만 불편한 몸으로 어려웠던 가정 속에서 꿋꿋하게 살아오신 그분의 진솔하고 맑은 영혼이 가득 차 있는 내용을 아내가 즐겁게 읽어 주길 바란다. 앞으로 살 날이 좀 더 풍성하고 넉넉한, 향기로운 여생이 되길 바라는 마음에서….

한 음계 낮게

남을 비방하고 흉을 보는 것은 쉬워도 남을 칭찬하기는 어려운 요즘 세상에 우리가 살아가고 있다. 사람과 사람 사이에 말을 주고받으며 의사를 소통하고 힘을 보태주고 하는 그 말의 힘이 얼마나 놀랍고 큰 것을 모르고 지내기 일쑤이다.

언제부터인가 손자(만 4세)놈의 전화 목소리가 힘차게 변했다. 어찌나 쩌렁쩌렁한지…. 속삭이던 조용한 말씨가 완전 탈바꿈하게 되니 그동안의 소심하게 비쳐진 그놈의 성격이 혹 소극적일까 걱정했던 할아버지의 걱정을 일거에 씻어 내고 말았다.

예전에 어린이집에서 앞에 나가 자기소개를 하였는데 들리지 않는 개미 목소리로 말했다. 그런데 그 이유를 '창피해서'라고 해서 가족 모두에게 충격을 주었다. 그 후 아마 아빠와 엄마가 가르치고 타이른 모양이다.

말의 크기는 속삭이듯이 한 음계를 낮추어서 하는 것이 상대방의 마음을 부드럽고 평안하게 만들어 주어 남이 나를 경계하지 않고 대할 수 있게 한다. 보통 7음계 중 높은음자리의 목소리는 강하고 날카로운 맛이 있어 상대방에게 방어적 태세로 만들기 쉽고 따라서 마음을 쉽게 열려고 하지 않는다.

가을의 문턱에서 내가 4박 5일의 여행을 할 기회가 있어서 막내처남과 남해안을 둘러보는 휴가를 즐기게 되었다. 내가 장가들 때 벌거숭이로 온 집안을 뛰어다녔던 친구가 이제는 어엿한 지방대학교 총장으로 훌륭한 학자가 되어서 그 기쁨을 누리고 있단다.

그런데 나를 감동시킨 것은 그 총장의 말씨가 얼마나 부드럽고 상냥한지 듣는 사람의 마음을 따듯하게 만들었다는 점이다. 음계로 말하자면 한 음계를 낮추어서 하는 목소리가 어느 달변가나 웅변가의 말보다 더 힘 있고 무게가 있음을 느끼게 되었단다. 어려운 어린 시절을 지나 지금까지의 성공의 열쇠가 그 말솜씨의 힘이라 믿어 보니 차라리 손자 놈의 속삭이는 듯한 말씨를 내버려 둘걸 그랬나… 쓴웃음이 난다.

부드러운 목소리의 말은 나를 낮추는 겸양의 모습을 지녀서 덕망을 높이게 하는 요인이 아닐까. 대개의 경우 부드러운 말버릇을 지닌 사람들의 얼굴은 인자스러우며 순진무구하여 남으로부터 도움을 받는 인상이 될 뿐만 아니라 해치고 싶은 마음을 지울 수 있기 때문이다. 그런 한 음계 낮게 하는 말씨가 몸에 밴 사람은 얼굴이나 몸매의 잘나고 못 생긴 것하고는 거의 상관없이 사람의 인품으로 나타나기 때문이다.

부부나 애인 간의 사랑을 속삭일 때 낮은 자리의 음계인 목소리는 상대로 하여금 일체감을 가져다주는 친근한 말씨의 형태라 할 것이다. 타인끼리의 속삭임은 남의 흉을 보거나 거짓을 꾸미는 음흉한 모습이 대부분이다. 저음가수의 노래보다 팝페라 가수인 임형주의 목소리가 좋은 이유가 높지도 낮지도 않기 때문이다.

내 뜻을 전달시키거나 상대를 설득하고자 하는 높은 음계의 목소리는 믿음보다는 방어적인 닫힌 마음의 준비가 먼저 앞서게 마련이다. 정치판의 선거 유세장에서 듣는 한 옥타브 높은 목청은 마치 "나는 이제부터 거짓말을 하고 있소"라는 울림으로 착각되는 경우가 있으니, 나만의 오류인가.

사상과 사물을 논할 때는 분명하게 할 것이며 남을 칭찬할 때는 부드럽고 작은 목소리로 하는 것이 훨씬 효과적이라 믿는다. 타고난 성대의 생김에 따라서 목소리의 굵기나 가늠에 차이가 있는 것이 사실이다. 보통 생활 속에서 말소리의 볼륨은 한 음계 낮게 하는 것이 훨씬 부드럽고 따뜻한 냄새가 풍기어 아름다운 것을 할아버지는 많은 경험으로 보아 왔기 때문이다.

횡재橫財

횡재라는 말은 누구에게나 놀라고 즐거운 말이다. 이 말을 듣고 기분이 나쁘다거나 아무런 느낌이 없는 사람은 아마 천치나 바보이거나 또는 성역에 계신 비범한 인간일 것이다.

뜻밖에 얻어지는 재물이거나 금은보화를 우리들은 횡재라 하며 이 횡재를 은근하게 바라며 꿈꾸게 마련이다. 그래서 벼락 맞을 확률보다 로또복권에 당첨될 가능성이 더 낮은데도 불구하고 그것을 구입해서 횡재를 바라는 보통 사람들이 많은 것이 사실이다.

오늘 아침에 내 손자 세빈이가 오는 날이다. 며칠 전 월요일에 일이 있어서 오겠다는 말을 기억하고 있는데 이번에는 한 주간 내내 대학교에 일이 있어서 아이를 맡겨야 한다고 했단다. 통상 2주일이나 3주일 만에 할아버지 집에 오는 관례를 벗어나 며칠 전에 다녀갔음에도 불구하고 계속 와야 한다는 할머니의 설명을 듣고 이것이 횡재가 아닌가 생각했다. 날마다 손자 놈의 얼굴을 보고 놀 수 있기 때문이다.

이런 사실을 알고 금세 엔도르핀이 솟아나는 기분이 들어 태풍이 오는 가운데 비가 내린 날씨에도 불구하고 산으로 운동을 나섰다. 손자가 도착하는 12시 전에 돌아와야 하기 때문이다. 오늘의 횡재는 금은보화보다 더 값진 보물인 손자 놈을 보게 되었다는 기쁨을 뜻하기 때문이다. 할아버지들의 참 마음이 아닐까.

산 중턱의 정자에서 잠시 쉬고 있는데 빗속인데도 거동이 아주 힘드신 노인을 부축하는 중년 나이의 딸인 듯한 사람과 셋이서 함께 비를 피하고 있었다.

내가 자리를 이쪽으로 권하자 "아버님, 저쪽으로 옮기시죠" 하는 말씨로 미루어 딸이 아닌 며느리로 판명되었다. 그 모습이 너무 아름답고 고마운 마음이 들었는데, 모든 시아버지들의 입장일 것이다. 대개의 경우 거동이 힘든 노인들의 운동을 도우는 일은 혈육인 딸의 몫이거나 늙은 부인들의 일임을 흔하게 보아왔으며, 그런 고정관념 속에서 며느리의 효성스런 봉양이 너무 값지게 돋보인 것은 오늘의 헝클어진 세태 탓이 아닐까.

매일 일과인 내 산책길에서 마음을 따뜻하게 해준 또 하나의 그림을 보았으니, 오늘 손자 놈의 얼굴을 볼 수 있는 것이 로또 1등인 것이고, 로또 2등에 해당하는 효부를 만난 횡재 사건을 안고 하루를 뜻있게 보낼 수 있게 되었다.

이것이 중국의 사상가인 임어당이 말하는 소위 생활의 기쁨이고 행복이라 생각한다.

고추

고추는 가짓과의 한해살이풀로서 원산지는 남아메리카이며, 줄기가 연녹색이고 흰 꽃이 피며 둥글고 긴 열매가 맺어 처음에는 녹색이다가 익으면 빨갛게 되면서 향이 매운 열매를 맺는다. 한편 고추는 그 생김새로 인해 우리나라에서는 영유아의 자지를 뜻하기도 한다. 일명 중국에서는 오랑캐 식물로 '빈초'라고 하여 산꼭대기에서 자란 고산식물이기도 한 것이 지금은 귀한 식품으로 각광받고 있다.

우리 집 정원 한 모퉁이를 갈아서 두 평 즈음 되는 밭을 만들고 매년 봄이면 고추 모종을 열 포기쯤 심는다. 이를 정성들여 가꾸고 보살펴서 한여름에는 찬물에 밥을 말아 고추에 된장을 발라 반찬으로 그 맛을 즐기곤 한다. 가을철이 되면 탐스러운 빨간 고추는 그 매운맛이 일품이어서 몸집은 작아도 그 성질은 모질고 야무져 힘이 세다. 그래서 작은 고추가 맵다고 하여 똑똑하고 분명한 사람을 비유하는 모양이다.

어제는 사랑하는 손자 놈이 속옷을 훌러덩 내리더니 고추를 내보이며 "이건 할아버지 고추고, 세빈이 고추야" 하더니 다시 몸을 부엌 쪽으로 돌리면서 "이건 할머니 고추도 되고, 엄마 고추도 되며, 고모 고추도 된다"고 외친다. 사랑하는 모든 사람들에게 고루고루 나누어 주고 싶은 모양이다.

40여 년 전 손자 놈의 애비가 꼭 그랬다. 그래서 우리 내외가 웃고 행복했던 시절을 생각하며 회상해 보았다. 대를 이어서 고추도 크게 효도를 한 셈이 된다.

그래, 그 고추는 우리 가족 모두의 고추임에 틀림없다.

이태리 나폴리 지방의 민속 전래로 고추가 행운의 상징으로 유명하여 관광상품으로 널리 소개된다고 한다.

네가 자라서 청소년이 되고 청년이 되어서 할아버지 고추라는 말은 들을 수 없더라도 부디 야무지고 맵고 건강하게 자라주기만을 바랄 뿐이다. 아쉬움이 있다면 음양을 맞추어서 한 놈이 더 있으면 금상첨화가 아닐까… 내 욕심일 뿐이로다.

고향

내가 태어난 곳이 한반도 남쪽 끝 강진군 대구면이다. 옆으로는 강진만으로 흐르는 구강포 강이 있고 안으로는 고려청자 도요지가 있어서 이젠 현대식 건물들이 즐비하게 들어서고 논밭은 경지 정리사업에 의해 어린 시절의 쪼개지고 갈라지고 비틀어진 모습이 자취를 감추고 이제는 기억 속에만 자리 잡고 말았다.

내가 12세가 되어 고향을 떠나 목포로 중학교를 갔기 때문에 나의 고향에 대한 추억은 유년 시절의 10여 년 동안의 기억들로만 옛 그리움이 가득할 뿐이다.

마을인 지제(현 계율리) 입구에 새 금팍 박쟁이 바위가 있어서 그 위에 앉아 20리 길 칠량장에 가신 어머니를 기다리느라 해질 황혼녘에까지 앉아 있었던 일이 생각나고, 그곳에서 아버지가 우리 집 황소를 빗질하시다가 뿔에 이마를 받혀 선혈을 쏟은 모습이 엊그제 일처럼 떠오른다.

아마 초등학교 입학 전 다섯 살 무렵 가을이었나 보다. 벌거숭이로 햇볕 따스한 마루에 앉아서 놀고 있는데 동네 처녀들이 담을 타고 올라와 누렇게 잘 익은 감을 따는 것을 보았던 모양이다. 어른들께 이르지 말라는 부탁을 하자 그렇게 하겠다고 고개를 끄덕이며 흔쾌히 동의하여 후에 칭찬의 빌미가 되었던 생각도 난다. 그때 그 처녀가 항렬로는 고모뻘 되는 쌍님 아짐이었으니 아마 지금 나이는 팔십이 훌쩍 넘으셨으리라.

하루는 혼자서 집을 보는데 작은댁 당숙모님이 오셨다. 마당에 들어서자 웃으시며 농담으로 하신 말씀이 "너희 집 곡간(마루에 쌀독)에서 쌀이며 맛있는 것을 훔쳐가려고 왔다"라고 하셨다. 그때 나는 아짐(당숙모님)이 가져간다면 괜찮다며 놀라는 기색 없이 흔쾌히 동의하였던 모양이다. 어린 꼬마의 마음에 기쁘고 감탄했다는 당숙모님의(고인) 자랑과 칭찬이 집안사람들에게 오래도록 화제가 되었던 일들이 엊그제 일처럼 새록새록하다.

당시에 우리 집은 비교적 농사를 크게 지어서 가을이면 수확한 벼를 말리고 그대로 노력을 만들어서 마당 가운데 두세 개씩 세워 두니 그 사이사이로 숨바꼭질하던 추억도 있다. 마당 옆으로 몇 백 년 된 감나무가 있어서 해마다 장두감을 수없이 거두어 겨울 내내 먹곤 했었다.

내 동생이 어찌나 감을 좋아하던지 식전에도 5개 정도 먹어

치우곤 하였으며 내 또래 친구들과 뒷산에서 놀라 치면 나를 따라다니려고 매달리던 모습이 선하다. 그 동생이 지금은 고희를 바라보는 노인이 되어서 못난 형의 보호자로 뒷받침이 되어 주고 있다.

국민학교를 졸업하고 목포에서 중학생이 되어 방학 때 집에 올 때면 당시에는 버스가 없어서 트럭(미군 트럭)을 개조하여 '인차'라고 하며 타고 다녔다. 어찌나 멀미가 심한지 토하고 기진맥진하여 두세 시간을 녹초가 되었던 일들이 지금은 곱고 그리운 추억이 아닐 수 없다.

얼마 전 고향에 성묘를 가면서 서해안 고속도로며 목포에서 부산까지 남해안의 옛말을 찾을 길이 없어진 것이다.

우리 마을 뒷산은 만경대로 생김새가 바위들로 가득하고 임진왜란 시에는 봉화대로 소식을 알렸다는 기록이 있으며 앞으로는 천태산이 있어서 그 모양이 둥글고 듬직하여 소가 누워 있는 듯하고 따뜻한 어머니의 등허리 같은 느낌이다.

옆으로는 강이 흐르고 들판(번덕지)이 있어서 여름철이면 할미꽃이 천지고 딸기가 널려 있어서 하굣길에는 칠팔 명의 학우들과 딸기 잔치를 하였으며 귀신쟁이(강물이 돌아나가는 곳)에서 멱 감고 놀던 일이 그립다. 물 깊이가 그때는 귀신이 나온다는 길이로 2m 안팎이었으나 지금은 그것마저도 평지 논밭으로 바뀌어서 추억에만 자리 잡고 있구나.

교수가 된 아들

탐욕스러웠던 세월을 뒤로하고 이제는 몸과 마음의 평강을 원하는 노년의 길에 들어서서 남은 인생을 곱고 온유하게 마무리 지어야 할 때에 이르렀다. 모든 마음의 짐을 내려놓고 평온한 들로 걸어가야 하는 문턱을 넘어서서 마당에 이른 것이다.

따사로운 황혼의 들녘에서 저물어 가는 아름다운 노을을 고즈넉이 바라보고 있다. 젊은 시절에 부렸던 욕심에서 누렸던 만족감이 지금에는 어찌 부질없지 않겠는가마는 그래도 그 시절에는 비누거품이 풍선이 되어 공중을 나는 걸 보면서 좋아하기도 했었다.

아마 막내아들이 초등학교 4학년 때로 기억된다. 직장 동료가 집에 놀러 와서 아들을 보더니 "너 오늘 시험 보았다면서? 잘 보았냐? 시험문제는 몇 개나 맞추었냐?"라고 물었다. 그런데 아들이 "몇 개 틀렸냐고 물어보시는 게 더 나으실 걸요?" 하며 마치 면박이라도 하듯 대꾸했던 기억이 난다.

내가 중간에 나서서 저 애가 학년에서는 늘 1, 2등을 다투고 있다는 설명으로 친구의 무안을 씻어준 일이 있다. 아마 아이가 좀 비만하여 공부에는 취미가 없으려니 생각했던 모양이다. 친구가 민망스러웠는지 주머니에서 용돈을 꺼내 건네주면서 미안하다고 했다.

막내가 초등학교 5학년 가을 운동회 때 경기 중 고싸움놀이가 있었는데 청군대장으로 장군 복장을 하고 고 위에서 지휘하는 당당한 모습이며, 전교 어린이 회장으로 전체 학생 앞에서 구령하는 모습이 자랑스럽고 흐뭇했던 마음은 내가 품어 온 욕심이나 질주하는 욕망의 전차에서 일시적으로 나를 충족시켜 주었던 대리만족의 일환이었나 보다.

인간은 배설의 본능이 있기 마련인데 내가 못 이룬 일들을 내 자식이 해주기를 바라는 욕심이 모두 배설의 본능이 아닌가 싶다. 물리적인 배설이나 정신적인 배설의 틀 속에서 몸부림쳤던 시절이 다시 그립기도 하다. 그때는 그런 아버지로 기대만 하고 더 많이 더 크게 바라는 탐욕스런 아버지였나 보다.

어제는 막내아들이 16시간의 힘든 수술을 끝낸 후 전화를 했는데 그 결과가 성공적이라는 기분 좋은 내용이었다. 엄마는 "내 아들, 부디 명의가 되길 바란다"는 주문을 덧붙였다. 이제는 막내가 종합대학병원 교수(심장혈관 외과)가 되었으니 어찌 반갑고 즐겁지 않겠는가.

필부의 마음은 어제까지 억지로 쌓아놓고 싶은 것들을 다 내려놓고 온유하고 평온하게 내 지병을 치유하면서 모든 욕심을 털어버리고 남은 세월을 천천히 건너가고 싶어진다.

우리들

장마가 시작된 지 20일이 지나더니 지난 3일 동안 장대 같은 빗물이 쏟아지고 금년의 장마가 마무리 되었다는 기상청 예보가 있고 나서 오늘부터는 찌는 듯 불볕더위가 기승을 부려 35도까지 이르니 한여름의 냄새가 물씬 묻어난다.

한여름철에 두 아이들의 생일이 있어서 내 가족들 간에는 무언의 불문율로 전통의식이 지켜지고 있다. 가족마다 생일날에는 한자리에 모두 모여(해외에 살고 있는 자식들은 제외) 축하를 하며 조촐한 음식을 먹는 습관이 있다. 어찌 보면 너무나 보편화된 관습인지 몰라도 온 자식들이 한자리에 모인다는 사실만으로도 어버이로서 그 감동과 기쁨은 얼마나 크고 값진지 모른다. 그들의 형제간, 남매간의 우애는 세상 부모들의 축복과 행복의 으뜸이라 생각되기 때문이다.

며칠 전 막내(대학병원 교수)의 생일이 7월 12일이었다. 우리 두

내외는 음력으로 아침에 미역국을 끓여 전통 식사를 하고, 아들 내외는 양력으로 생일을 기념하기로 했다. 결국 그 아이의 수술 집도 때문에 주말에야 온 가족이 모이게 되었다. 아침부터 중년이 된 4남매의 자식들 얼굴을 볼 수 있다는 즐거운 마음으로 반찬 한 가지라도 손수 만들어 먹이고자 하는 늙은 어미의 마음을 보니 이것이 바로 천륜의 힘이구나 생각하게 된다. 나 역시 아이들이 다 모이는 날이 오면 설레는 마음으로 시계를 자주 보게 되는 것이 속일 수 없는 자연의 섭리라 여겨진다.

저녁에 온 가족이 다 모여 앉아 식사를 마치고 생일을 축하하기 위한 케이크를 상에 올리며 준비를 하고 있는데 손자(36개월)가 하는 말이 '우리들'이 이걸 사왔단다. 할아버지 집에 오는 길에 지 아비와 어미가 사온 모양이었다.

세상에 태어나서 자신을 인식하고 존재를 말할 때 일인칭으로 표현하자면 대개 돌이 되고서야 시작한다. 내 이름이 세빈이고, 내가 엄마 아들이고, 할아버지 손자이고 할 때면 나이가 두어 살이거나 세 살이 되어 상대를 인정하고 자기 자신을 다듬어 가는 과정이라 생각된다. 그때부터는 상대방으로부터 자기를 인정받고 싶어지는 욕구가 커지기 때문에 어떻게 하면 좀 더 귀엽고 예쁜 행동을 해야 칭찬을 받을 수 있을까 하고 행동을 다듬어서 하게 된다고 한다. 그런데 손자 놈의 '우리들'이란 표현을 듣고 일인칭이 아닌 복수개념으로 의식이 발전하고 있구나 생각하니 놀랍기도 하다. 이제부터 손자가 경쟁사회로 들어가고 있다는 생각에 한편으로는 성장하는 기쁨과 고생이 함께 시작된다는 씁쓸한 마음에 안쓰럽기까지 하였다.

치열하기만 한 경쟁시대에 들어서면 해맑고 청순한 마음은 접어 감추고 싸우고 다투어서 헤쳐 나가야 하는 손자 놈의 앞날이 어떻게 펼쳐질 것인가, 걱정 반 기쁨 반으로 노파심이 일고 있음은 할아버지의 지나친 기우인가.

우리 가족, 우리 가문, 나아가 우리나라, 우리 민족, 큰 틀의 우리를 위하고 그곳에 인생의 목표를 두고 우리 국민의 번영과 행복을 기념하고 축하하는 경축식에서도 케이크를 자르고 앞장서서 그놈이 우리가 해냈노라고 하길 바랄 뿐이다. 더불어서 지금의 가족들 모두가 지금처럼 우리 모임으로 잊지 말고 우애를 지켜 나가길 소망한다. 아무리 글로벌화된 첨단사회가 될지언정 인류의 근본은 변하지 말아야 하기 때문이다.

쓸고 닦는 일에서 차장 자리까지

옛날 1960년대 우리나라의 시중은행에서는 일반 사무직원은 시험을 통하여 은행원을 채용하였고, 외무직원이나 견습직원은 주요 고객의 추천이나 또는 유관기관의 소개를 통하여 직원을 채용하였다. 그분들 중에 사무실 안팎을 청소하거나 서류를 외부기관으로 전달하고 현금을 수송하는 일을 하는 외무직원으로 입행해서 뒷날 차장에까지 이르러 정년퇴직하신 분을 소개하고자 한다.

내가 남쪽 항도 군산 지점에 초급 대리로 발령을 받고 노동영(가명) 씨와 함께 근무를 하게 되었다. 그분의 성품은 부드럽고 온순하셨고 아무리 부하직원이라도 존대어를 쓰셨으며, 누구든지 쉽게 친근감을 갖게 하는 외모를 지니셨다. 특히 몸에 배인 절약 정신과 생활 신념으로 인해 점심은 항상 도시락을 준비해 오셨는데 아무리 거래처나 동료직원들이 외식 요청을 해도 정중하게 거절하셨는데, 특별한 행사가 아니면 외식하시는 것을 거의 보지 못했다. 그래서 사무실 안에서는 점심에 관한 내용이나 맛있는 음식점 이야기를 하지 않는 것이 동료 직원들의 분위기였다.

모르는 외부 인사들은 그분이 지나친 짠돌이며 돈을 모으는 데만 집착하여 인생 사는 재미가 없는 무미건조한 인간이라고까지 흉을 보는 등 자기 기준에만 맞추어 폄하하기 일쑤였다.

나는 우연히 그분이 지내 온 일화를 듣고 난 후 마치 조만식 선생의 입지전적인 젊은 시절이 겹쳐졌다. 너무 가난한 집에서 태어난 조만식 선생은 지방의 어느 부잣집에서 잔심부름꾼으로 매일 주인 양반의 요강을 닦고 집 안팎을 쓸고 닦는 일을 하게 되었는데 얼마나 정성스럽게 열심히 일했던지 주인은 그 아이의 성실함에 감동하여 자비를 들여 평양의 숭실중학교에 입학시켜 주었다. 그리하여 훗날에는 그 학교의 교장까지 지내셨는데, 우리나라의 물산장려운동의 창시자로 독립운동의 선구자 역할을 해내셨고 민족 영웅으로서 전 국민의 추앙을 받아 오신 조만식 선생님을 다시금 생각나게 하였다.

한편, 노동영 씨는 해방 이후 민족은행으로 탄생한 조흥은행 광주지점에 처음에는 외무수로 채용되어서 아침 출근시간은 남들보다 한 시간 전에 나와 쓸고 닦는 일을 하셨는데, 은행 내는 물론 다른 공공기관에까지 소문이 날 정도였다고 한다. 업무가 마감된 퇴근시간 후에는 모자란 학력을 보충하고자 야간학원에

다니며 검정고시를 준비하여 중학교, 고등학교 학력을 취득하였고 마침내 일반 행원으로 승격하여 정규 행원들과 어깨를 나란히 할 수 있었으며, 책임자 승진시험도 무난하게 합격하였다. 사무실 바닥에 떨어진 전표 한 장이며 핀이나 클립 하나라도 바닥에 뒹구는 것을 반드시 몸소 주워 타의 모범이 되시는 모습을 직접 목격하기도 했다.

반듯하신 성품과 청렴하신 정신, 성실하신 자세가 서울 본사는 물론 전 금융가에 알려지게 되어 한국은행 총재 상과 재무부장관 표창까지 받으셨다. 그분께서는 우리나라에서 처음으로 국민학교 졸업 학력으로 시중 은행의 차장 자리까지 오르는 영예를 안은 분이었다.

몇 년이 흐른 후 그분의 자제가 사법고시에 합격하였다는 소식을 접하고, 과연 그 아버지에 그 아들이며 참으로 훌륭한 가문이라고 생각했다. 학력이나 기술이 부족하여도 성실하고 열심히 사는 방법만으로도 그들과 어깨를 겨누며 성공으로 함께 달려갈 수 있다고 믿게 되었다.

10년 만의 이별

조선 순조 때 어느 사대부 집안의 청산과부가 27년간 써 온 바늘이 부러져 슬퍼하는 회포를 총총이 적어 영결하는 '조침문'이 생각난다.

내 몸에서 가장 가까이 벗하며 웃고 울 때 함께 기뻐하고 슬퍼했던 당신(담배)이기에 지금까지 어언 53년이라, 어이 인정이 무심하리오. 나의 정이 남달라서 비록 무심한 물건이라 하나 그 이별을 노래하고 싶어진다.

'이별의 강'이란 노래 가사가 생각난다.

그리운 사람 이별은 왜 하고서 이 설움인가
오다가다 맺어진 인연으로 반평생을 같이 했는데
아침저녁 애타는 마음 생전에 다시 한 번
만나지려나 목을 놓아 울면서 더듬는 꿈길

서울에서 처음 세들어 살던 보문동 단칸방 시절에 네 식구가 엉켜서 살 때, 당신 때문에 내 큰딸과 둘째딸에게 지은 씻지 못할 범죄사실을 고백하려 하오. 두 평밖에 안 되는 방에서 밤낮없이 간접흡연으로 어린 생명의 폐를 망쳐 놓은 일들이 징역 30년이나 무기징역의 범죄행위였음을 밝혀 두고, 도깨비보다 더 무섭고 독한 담배 냄새를 아내에게 가져다 준 죄 또한 몇 년 동안 징역감인 것을 늦었으나마 참회하고 고해성사로 그 죄를 용서 받으려 한다.

당신과 이별한 지 어언 한 달이 다 되는구려.

어쩌다 생각이 나겠지요
냉정한 사람이지만
그렇게 사랑했던 기억도 잊을 수가…

내 손자가 할아버지 몸에서 이상한 냄새가 나서 싫다던 대포알 같고 독한 화살 같은 소리가 이젠 소용없을지어다.

혹자는 살아있다는 증거요, 건강의 증표로 담배를 피우고 사랑한다는 그들의 독립선언을 들은바 있으나 모두 돈키호테의 과대망상이고 달나라 사람의 독백인 것을….

이제 내겐 부질없는 하소연이고 변명인 것을, 그들의 죄와 형량을 감해 주지 않을지어다.

재정 손실로 따지자면, 하루 한 갑으로 계산하여 무려 시골 논 한 섬지기 값인 일억여 원의 재산상 손실로, 천재지변 홍수나 지진을 당하여 피해를 입고도 어디 보험금이나 특별재난보조금 따위가 가당치도 않은 인위적인 자해이기에, 어디에 하소연할 가치조차 없는 것이다.

애연가들이 위로삼고 싶은 영국 처칠 수상의 파이프 담배 피우는 모습이나 중국 등소평의 애연가 모양을 아무리 색칠해서 걸치고 싶어 해도 나는 함께 동의하지 않을 것이다.

간사한 내 코도 이젠 앞사람이 지나가면서 피운 연기에도 불쾌한 느낌이 드니 간사스러운 인간임에 틀림이 없구나.

부디 잘 가시오. 이제부터는 당신 혼자 가시오.

위험해서 그래요?

물질이 조금 넉넉해지고 풍요로워지면 정신적으로도 풍성하고 편안함을 누리고자 하는 것이 인간의 본능이다.

반세기 전 보릿고개를 걱정하며 살았던 제일공화국 시절과 비교해 볼 때 지금은 믿기 어려울 만큼 발전된 경제성장을 이루고 풍요로움을 누리며 살고 있는 것이다. 그러나 정신적으로 타락하고 각박하게 무너진 마음은 비록 배가 고팠던 그 시절에 비하여 얼마나 달라졌는가 의문이다. 오히려 그때의 마음들이 더 맑고 순수하지 않았나 생각해 본다.

자고 나면 살인사건이 나거나 남의 것을 빼앗고 남을 속이고 하는 끔직한 소식이 뉴스에 가득하니 어찌 슬프지 않겠는가. 심지어 국민을 위해 헌신하고 봉사하겠다는 자칭 선량한 국민을 대표한다는 정치가들의 이기적인 파당 싸움과 자신만을 위해 국민을 빌미로 국민을 속이고 사는 파렴치한 행위는 가히 가증스럽기까지 한 세상이 되어 버렸다.

나는 정치평론가도 아니고 더욱이나 정치하고는 아무 상관도 없는 평범하기만 한 시민으로, 소위 자칭 지도자라고 떠드는 사람들의 횡령과 협잡의 가증스런 이중인격을 지닌 얼굴을 볼 때 그만 혐오감밖에 들지 않는다. 마치 예수님처럼 국민을 위해 희생하고 헌신하겠다는 공염불은 어디에 묻어 두었으며 그 양심은 어디에 감추었는가.

소위 지도자가 되겠다고 나서는 사람들은 국민을 배려하고 국민의 입장에서 생각하기는커녕 어떻게 하면 더 잘 속이고 넘어갈 수 있을까 탈을 쓰고 있구나.

지도자들이여, 바라건대 행동하는 지혜를 갖고 초심의 아름다운 포부를 용기 있게 발휘하여 국민들에게 신뢰와 존경을 받으시길 바란다.

며칠 전 만 세 살(40개월) 된 손자와 할머니가 시장에 함께 가게 되었다. 몇 가지 물건을 산 후 카트를 끌고 돌아오는 길에 차도 쪽으로 가는 아이를 인도 쪽으로 바꾸어 가게 하였더니, 그 아이가 물었단다.

"할머니, 위험해서 그래요?"

"그렇단다. 너는 아이니까…."

이런 광경은 내게만 일어나는 특별한 일이 아니라 아들과 손자를 기르고 있는 모든 어버이들의 당연한 마음이며 행동일 것이다.

어버이가 자식에게 희생하고 헌신하는 마음은 천륜이라 하여 지극히 자연스러운 일이나 오히려 아이가 어버이 마음을 헤아려 이해하고 배려하는 마음이 어찌나 기특하고 가상한지 한참 동안 생각에 잠겨 있었다.

우리 사회가 남을 배려할 줄 알고 남을 위해 베푸는 행동을 하면 상대방은 그것을 고맙게 받아들이는 아름다운 세상이 되었으면 하는 마음이다.

과학자이며 서울대학 교수인 안철수 씨의 서울시장 불출마 선언이 있고 나서 안철수 교수의 맑고 깨끗한 인격에 온 나라가 신선한 충격으로 가득하니, 서서히 우리 사회도 밝고 맑은 깨끗한 풍토가 점점 물들어 번져 가고 있음을 느낀다. 한 줄기의 실낱같은 희망을 안으며 한편으로는 따듯한 변화를 학수고대하고 싶다.

Part 03

가족들에게 전하는 할아버지의 따뜻한 사랑

중국 고사에 월나라에서 온 새는 항상 월나라 쪽을 보고 나무 위에 앉으며
변방에서 온 호마는 항상 북쪽 바람을 향해 서 있다고 했다.
고향의 부모를 기리고 닮은 새끼들의 이야기는
부모를 닮고자 하는 자식들의 모습이라는 의미가 있단다.
부디 비옥한 토양이 되어 주길 바란다.

사랑하는 아내에게

24절기에서 입추가 지나가고 처서를 넘어서니 아침저녁의 서늘한 공기가 찜통더위를 몰아내고 마루며 안방이며 온 집안을 찾아들었으니 사계절의 어김없는 자연의 신비스런 법칙이 새삼 놀랍고 신기할 뿐이다.

아침밥을 평소처럼 7시에 마치고 집을 나서 앞산인 안산의 산책길로 나섰다. 오늘 따라 길조라 불리는 까치가 길섶 옆 벚꽃나무 위에서 노래를 부르며 좋은 일을 가져오겠다는 신호를 보내며 날갯짓을 해대고 있다. 기분이 상쾌해지고 즐거운 하루를 기대해 본다.

옆으로 산개울이 흰 포말을 일으키면서 하얀 옷을 입고 달리고 뛰어가며 흐르고 있으니 마치 먼 곳에서 기다리고 있을 사랑하는 님을 찾아 달려가는 것처럼 보인다. 꽃밭에 들어서니 애플민트 향이 물씬 코에 와 닿아 아침 인사를 건넨다.

120개의 나무계단을 올라 명상의 자리에 앉아서 제2막의 인생을 시작하고 있는 지금 흘러간 기억 속의 바구니에서 제1막의 인생이었던 1960년대 아내의 모습을 생각해 보게 된다. 체중 48kg의 가냘픈 몸매의 새색시가 이제는 64kg의 중후한 노년의 할머니가 되었으니 거칠고 모진 삶을 이겨 온 세월 탓이리라 생각하니 코끝이 시려 온다.

고향집에서 신혼 시절의 단꿈을 맛보며 나는 그 시절의 필름 영상을 되돌려 보듯이 설레고 행복한 추억 속의 그림들을 조용히 찾아보고 있다.

당시만 해도 우리 마을에서 한 대뿐인 귀한 스테레오 전축을 신혼 방에 들여 놓고 문주란의 '동숙의 노래'며 백설희의 '홍콩 아가씨', 고운봉의 '선창', 박재란의 '목장아가씨' 등 엘피 음반들을 아침마다 시골 집안을 쩌렁쩌렁 울리게 틀어 놓고 즐기곤 했다. 아내가 좋아하며 즐겨 부르던 흘러간 대중가요였다. 혈기 왕성한 이십대 중반이기에 남보다 한 발 앞서 누리는 호사였다.

두 몸이 하나 된다는 가까운 부부였음에도 내 눈을 똑바로 쳐다보지 못했던 수줍은 모습이며, 한 번도 먼저 원하는 눈짓을 하지 않은 단아하고 순박한 여자로서 마치 조선시대 사대부 집안의 며느리 같은 정숙한 아내였으나 지금은 뽕나무 밭이 바다로 변해 버린 여인으로 탈바꿈되고 말았다. 삶에 지친 탓이라 미안한 마음뿐이다.

반백년을 자식들을 위해 헌신하고 희생해 온 어머니의 모습에 고맙고 감사한 마음을 보낸다. 이제부터라도 아등바등 지고 온 짐들을 내려놓고 저무는 노을길에서 두 손 꼭 잡고 후반부 인생을 걸어가며 꽃 피는 삶을 꾸며 나가련다. 앞으로 20년이 될지 30년이 될지 모른다.

요즘 밤마다 남편 건강을 생각하는 깊은 뜻을 헤아려 보니 아내의 모습이 더더욱 사랑스럽고 고맙기만 하다.

여보! 사랑합니다.

막냇동생 인희에게

아침밥을 먹고 샘산(지금의 안산)의 13코스(내가 정한 길)로 발길을 디디는데 갑자기 막냇동생 생각이 나는구나. 귀밑머리가 하얗게 되어서 초로에 들어선 막내에게 편지를 쓰려니 감회가 새롭다.

어제는 먹구름이 하늘을 가리더니 오늘은 듬성듬성 쪼개진 구름 사이로 따뜻한 햇볕이 내리고 있어서 따뜻한 봄날이 완연하구나. 나는 이 산에서 정원을 가꾸듯이 내 건강과 함께 돌보며 지내고 있다. 산기슭에서 2~3분 오르면 완만한 등성이에 각종 일년초들이 가지런히 정돈되어 꽃밭을 이루고 있단다. 서대문 구청에서 예산을 들여 시민을 위해 조성된 꽃밭이라 그 모습이 일품이구나.

전문가들의 조경 솜씨가 뛰어나서 나무계단으로 가로세로 샛길을 만들고 사이사이에 제비꽃이며 사철, 쑥, 왕고들빼기들이 반달모양으로 있고 태극모양의 터에는 초코민트며 로즈마리, 세이지 등 외래종 일년초들은 독특한 향을 내뿜고 있어서 마치 외국인에게서 나는 향수 냄새를 맡고 있는 기분이란다.

많은 세월이 지나고서야 내 동생들에게 못다 한 정이며 잘못했던 일들이 마음속에 응어리져 나를 슬프게 했단다. 이제 후회하고 자책한들 무슨 소용이 있겠냐마는 이제라도 미안하고 죄스런 마음을 쏟아내고 싶구나.

네가 광주에서 공부할 때 도청 앞 관광호텔 거리에서 만났었지. 나는 사고수습 차 출장길이었고(악질기자의 은행비밀폭로 협박사건) 너무 큰 사고였기에 정신이 없어서 네게 용돈 한 푼 못 주고 올라온 일이 오래도록 나를 짓누르고 괴롭혔단다.

지난해까지만 해도 처절하고 비통했던 내 삶이 파멸의 일보직전까지 나락으로 몰아쳤으나 이제는 그 수렁에서 탈출해서 냄새나고 헐거운 누더기 옷을 벗어 버리고 있단다. 먹구름이 걷히면서 맑은 하늘 사이로 햇살이 내리듯이 하루가 즐겁고 보람이 있구나. 건강도 조금씩 나아지고 있단다. 한 모태에서 태어난 형제들끼리 못다 한 정을 나누고 산다는 것은 행복스러운 일이 아닐 수 없다.

방학 때 목포에서 비포장길을 달려오면 멀미로 몸은 녹초가 되어서도 네 초롱한 눈망울이 제일 보고 싶어 대구 장터에서 집에까지 발걸음이 바빠지곤 했단다. 너는 나이 들면서 할머님 모습을 닮아가고 있단다. 그분의 생애처럼 많은 복을 지니고 살아가리라 믿는다.

영규에게 항상 고맙고 감사한 마음을 전해주기 바란다. 과묵하고 믿음직스러운 인품이며 수십 년간 내 동생의 기둥이 되고 밑받침이 되어 준 것이 어찌 고맙지 않겠느냐. 비록 인척으로 맺어진 형제간이지만 친 혈육 같은 정을 늦게나마 드러내 놓는다.

홍철이 홍준에게 권하고 싶은 책이 있어서 적는다.

조엘 오스틴의 '긍정의 힘(기적)'

이지성의 '꿈꾸는 다락방'

부디 건강에 조심하고 가을에나 한번 만나자.

사랑하는 손자 세빈에게

3년 전 오늘 네가 태어났을 때 그 감격과 기쁨의 감동이 얼마나 컸었는지 말로 표현할 수가 없었단다. 이제 4살이 되는 생일을 맞이해서 할아버지의 생일선물로 생각나는 마음을 몇 자 글로 적어본다.

세월이 흘러 네가 씩씩하고 건장한 성년이 된 15년 후, 이 타임캡슐을 열어보길 바란다. 그때는 네 옆에 할아버지가 없을 수 있기 때문이다.

사람이 훌륭하게 잘 사는 길이 분명하게 있어서 내 손자 세빈이가 크고 좋은 인격으로 성장하기를 바라는 것은 만물의 영장인 인간의 본능이란다.

우선 부모 슬하(20세 전)의 시절에는 바보처럼 공부에 미쳐 열심히 하고, 꿈은 원대하게 천재처럼 꾸면서 보내기 바란다. 그리고 마음은 항상 따뜻하고 부드럽게 가꾸고 남에게 겸양의 미덕을 쌓길 바란다. 청년시절(30세)에는 목표를 뚜렷하게 세우고 즐거운 마음으로 정진하기 바란다. 거기에는 항상 신념이 있어야 한다. 할 수 있다는 생생한vivid 믿음을 가지고 용기 있게 밀고 나가야 할 것이다.

세계 대통령이라 불리는 유엔 사무총장이 된 반기문 씨가 학창시절에는 바보처럼 공부에 미쳐서 열심히 살아왔고, 미국의 레이크 우드 교회 목사이신 조엘 오스틴은(전 세계 신도 250만 명) 청년시절에 목표를 세우고 생생하게 꿈을 그리며 현실화시키는 기적을 이루어 냈으니 두 분이 우리 세빈이가 닮고 싶어 하는 인생의 멘토가 되었으면 하는 것이 할아버지의 소망이란다.

지구상에는 수많은 위인들이 많이 있어서 그 이야기를 들을 때마다 할아버지는 꼭 네가 그런 큰 주인공이 되었으면 하는 희망과 꿈을 그리며 지낸다. 원대한 꿈을 품으며 끊임없이 염원할 때 조물주는 반드시 복을 준다고 한다.

어른이 되어서는 남을 배려하는 마음도 잊어서는 안 된다. 약하고 가난한 사람들을 외면하지 않고 도우면 그 열 배, 백 배의 은혜가 돌아온다는 옛 성현의 말씀도 기억해야 한다. 나아가 네 부모와 이웃에게 효도하고 공경하는 사람이 되도록 힘쓰길 바란다. 할아버지는 매일 산에 오르며 건강관리에 힘쓰고 있으며 그 걸음걸음마다 내 손자 세빈이가 크고 덕망 있는 어른으로 자라줄 것을 염력念力의 기운을 담아서 너에게 보내고 있단다.

훗날에 조국을 빛내고 나아가 인류에게 등불이 되는 인물이 되어 있을 거라 확신하면서 여생을 보낸다. 자신만을 위한 일생(제1권역)을 살아온 나는 실패한 것이라고 생각하지만 가족과 친척을 위한 일생(제2권역)을 살고 있는 네 부모는 평범하고, 이웃과 사회(제3권역)를 위해 살게 될 너는 찬란한 인생이 될 것 이라고 틀림없이 믿고 싶구나.

부디 튼튼한 몸을 만들어 가는 것도 명심해야 할 것이다.

사랑하는 손자 연수 보아라

이제 꿈 많은 소녀시절을 지나 성인이 되어 가는 손녀딸을 생각하니 대견하고 자랑스럽구나. 그동안 건강하게 학교생활에 충실하고 있다니 고맙고 감사하다. 이곳에 할아버지, 할머니도 평안하게 살아가고 있으니 모두 축복인 것이다. 가끔 네 어린 시절의 사진과 그림, 글씨를 보면서 아름다운 추억 속에 웃음 짓고 있단다.

며칠 전 네 엄마가 전해주길, 연수가 이제 병원에서 실습을 한다고 해서 비로소 할아버지의 믿음과 기대가 이루어지기 시작했으니 참으로 행복하단다. 너에 대한 신뢰가 있었으며 네 자질과 능력을 믿었기에 분명 너는 꿈을 이루어 내고 말 것이라는 희망을 안고 있었다. 의과대학을 나오고 훌륭한 명의가 되어서 많은 이웃들이게 베풀고 도우며 아름다운 인생을 살아가길 바란다. 이제 시작이 되었으니 부디 몰입flow하고 정진하여 큰 꿈을 펼쳐

가길 바란다.

할아버지는 새벽에 반드시 조깅을 하고 오전에는 산을 오르며 오후에는 독서를 하면서 바쁜 하루를 살고 있으며, 요즘에는 단행본 수상집을 출판하기 위해 원고준비에 바쁘단다. 학창시절에 리더Leader가 되는 다양한 능력을 배양하여서 가족 모두에게 기쁨을 선사하는 자손이 되기를 기원한다.

부디 건강에 힘쓰기 바라면서 또 편지하겠다.

사랑하는 손자 태규에게

한반도에 태풍이 북상하고 있어서 며칠째 많은 비가 내렸단다. 다행히도 태풍의 진로가 서해를 거쳐서 북한땅을 건너 태평양 쪽으로 빠져나가고 있어서 오늘은 햇빛을 보게 되는구나.

이 편지가 한글이어서 네가 충분하게 읽고 이해할 수 있을지 걱정이 된다. 네 아버지와 엄마의 도움을 받길 바란다.

그곳은 평년 기후가 따뜻하고 크게 변화가 없어서 크게 걱정은 없으나 서부지역의 지진 발생 소식이나 산불 발생의 뉴스가 있을 때마다 걱정이 되었다. 네가 이곳을 떠난 지 벌써 15년이 흘러가 그곳에서 미국 시민으로 잘 적응하고 있으리라 믿으며 초·중학교 생활도 우수하고 모범적인 학생으로 성장해 주어서 할아버지의 기쁨도 크단다.

네가 다섯 살 무렵 게임기 설명서를 화장실에서 읽고 해석하며 작동하는 걸 보고 너무 대견스러웠단다. 너는 어렸을 때부터 집중하고 몰입하는 성격이라 항상 자랑스럽게 생각하며 머리도 우수하여 학교생활에서 앞서고 있는 것을 잘 알고 그걸 축복이라고 생각한단다.

그러나 인간이 성공하자면 두뇌 지수도 중요하지만 학문이나 전문분야 지식을 습득하는 데 있어 끊임없이 노력하는 태도야말로 성공의 93%를 차지한다고 알고 있다. 수동적인 사고와 노력은 남의 뒤를 밟고 따라가는 꼴이 되며, 능동적이고 적극적인 사고와 행동이야말로 새로운 길을 찾고 남을 앞서 가는 태도임에 틀림없다.

우리가 살아가는 데 힘들고 험한 어려움이 있을 수 있고 불행한 경우가 어찌 없겠냐마는 그럴 경우 대개의 사람들은 능동적인 사고나 행동을 포기하고 현재의 수준에선 만족하기 쉽다. 문제는 포기하기 쉽고 만족하는 수준에서 어떻게 할 것인가를 냉정하게 다시 한 번 숙고하는 지혜를 갖추어야 한다. 과연 네가 목표로 하고 있는 꿈에 얼마만큼 가까이 가고 있는가를 계량해 보는 방법도 있을 것이다. 현재 자신의 위치가 몇 점이며 몇 프로의 목표점에 왔는가 말이다.

피카소는 하루에 두 점 꼴로 평생 동안 5만 점의 그림을 그렸다 하였으며, 일본 전산 회장인 나카모리 씨는 청소년 시절 음식점에서 고객 신발을 정리하는 것을 이 세상에서 가장 소중한 일로 생각하면서 10년을 일했다고 한다. 비록 멀고 힘든 일이라도 지속적으로 몰입해서 그 태도를 유지한다는 의지가 있어야 한다는 의미다.

작은 바늘구멍에서 끊임없이 새는 물이 온 제방을 무너뜨린 예가 있듯이 작은 일에서 세상을 바꾸는 기적을 일으키는 사례를 많이 보았다. 경영학의 투입산출분석IMPUT-OUTPUT analysis 이론에서 한곳에 쏟는 노력의 양만으로도 그 결과는 배가 되어서 거두어진다고 했다.

사랑하는 손자 태규야!

청소년 시절의 네 꿈이 네 인생의 목표가 되어서 천재처럼 그 원대한 꿈을 스스로 높이고 정하기 바란다. 무엇을 하는 사람이 될 것이며 어떤 일을 할 것인가를 구체적으로 계획을 세우고 그곳을 향해 달려가길 바란다. 네 꿈이 구체적으로 다듬어질 때 할아버지에게 꼭 알려주길 희망한다.

끝으로 독서를 많이 해야 할 것이다. 하버드 대학교 전 총장이었던 엘리어트 박사의 유명한 신입생 축사 중에 하루에 15분씩 독서를 하고 고전을 10년간 읽은 자는 하버드 졸업생보다 우수한 인재라고 했다는구나.

부디 운동도 열심히 하여 건강에 힘쓰길 바란다.

연수, 태규에게

밥상머리에서 하고 싶은 말을 글로써 보낸다.

바다 건너 먼 이역 땅에서 잘 자라준 너희들에게 할아버지는 항상 감사하고 고맙게 생각하고 있단다. 훗날 더욱 찬란하고 멋진 일생을 살아가리라 믿으며 간단한 마음을 적어 본다.

마음속에 항상 꿈을 품어라. 그 꿈이 실현되기까지 비록 시간이 오래 걸릴지라도 우직하고 바보처럼 한 발자국씩 내디디며 꿈을 이루고야 말겠다는 의지를 버리지 말아야 할 것이다. 그것이 바로 자기를 높이는 자존이며 자기에 대한 믿음이며 확신인 것이다.

아침에 눈을 뜨자마자 거울 앞에서 너의 목표를 되새기며 "나는 할 수 있다!"라고 큰소리로 외치는 습관을 갖기 바란다. 말은 생명력을 갖고 있으며 씨앗이 되어서 행동이란 열매를 가져온다. 그만큼 말의 힘이 크다는 것이다.

영화판에서 항상 잡일과 심부름만 하던 짐 캐리는 아침마다 1천만 불짜리 어음을 받는 외침을 했다고 한다. 주변 가족들은 무모하고 부질없는 욕심이라 비웃었겠지만 그는 결국 세계적인 영화배우 겸 감독이 되어 1천만 불짜리 계약금을 받게 되었다고 한다. 일본의 사이토 히도리라는 사람은 화물자동차 조수일을 할 때부터 일본 제일의 운송업자가 되겠다는 마음을 품고 지냈다고 한다. 미국의 부호 록펠러 역시 마치 술 취한 사람으로 보일 정도로 소유하고 싶은 호텔과 빌딩이름을 외치며 꿈을 품었다고 한다.

사랑하는 연수, 태규야!

살다 보면 뜻대로 되지 않는 일도 있고 갑자기 나쁜 일도 일어날 수 있는 것이 인생이다. 그럴 때 좌절이나 절망감 속에 빠지기 쉽다. 불확실한 미래라서 두려움과 공포가 엄습해 와 자신을 괴롭힐 수도 있지만 그럴 때일수록 용기를 내어 수렁에서 나와야 할 것이다. 누가 도와줄 수도 없는 자신만의 선택이고 결심인 것이다. 습지대의 늪 속이나 썰물 때의 갯벌에서처럼 좀처럼 빠져나오기가 쉽지 않더라도 할아버지는 멀리서나마 간절한 기원으로 염력에 에너지를 담아 너희에게 보낼 것이다.

한 가지 더 부탁한다면 사랑하고 감사하는 마음도 함께 키워야 할 것이다. 사랑하는 마음은 상상하는 것만으로도 스트레스나 병균의 침입을 막아주어 몸을 건강하게 지킬 수 있다고 했다. 하버드대학교 존홉킨스대학 연구팀의 발표에 의하면 지나치게 사랑하고 감사하는 마음을 갖는 집단은 건강에 좋은 뇌파인 알파파가 그 상상력을 동원하여 백혈구를 활성화시키고 면역력을 증가시키어 몸을 튼튼하게 지킨다고 했다.

일구월심 한 방향의 목표를 향하여 즐겁게 생생하게 꿈을 그리며 매진할 때 모든 성공이 보장된다고 믿는다. 더불어 감사하는 마음도 함께 가야 할 것이다. 할아버지는 연수가 의사가 되어서 명의가 되는 모습을 그리며, 태규는 훌륭한 학자가 되어 대학교수가 되는 꿈을 꾸면서 행복하게 살아가고 있단다. 너희들을 믿으며 또 믿으려 한다.

사랑하는 아들과 며느리에게

자연의 섭리와 그 신비로움이 새삼 놀랍구나. 어느덧 겨울이 되고 그 아침은 늘 차갑고 서늘하게 동이 트고 있다.

나는 겨울을 제일 싫어했다. 구정물을 뿌려 놓은 것 같은 칙칙한 하늘이며, 매서운 채찍 같은 바람이며, 온몸을 얼리는 영하의 날씨 등 이런 모든 것들이 거대한 창과 칼날이 되어 마음과 몸을 사정없이 찔러 대고 있었다.

모진 계절이 지나고 바야흐로 봄의 문턱에 이르니 겨울 내 얼어붙은 땅이 촉촉하게 습기가 들며 날씨가 영상으로 올라가 훈훈한 바람이 정겹기만 하구나. 이제 또 여름이 오고 가을이 지나면 또다시 매서운 겨울이 어김없이 찾아오는 것이 자연의 순리가 아닌가.

너희들이 중년의 문턱에 이르러 자연의 순리에 따라 어버이가 되는 인생의 중간쯤에 서 있게 되는구나. 지금까지의 삶이 비록 매섭고 추웠을지라도 돌아오는 봄에는 따스한 훈풍을 기대하며 희망을 걸고 하루하루를 감사하며 살아야 할 것이다. 또 한 번의 찌는 듯한 무더운 여름이 오는 것은 확실하지만 그 더위를 탓하지 말아야 할 것이며 피하지 않아야 서늘한 가을이 다시 찾아오기 때문이다.

나이가 40이면 불혹이라 하여 기후나 환경에 흔들이지 않고 의지대로 순리대로 삶을 영위해야 한다는 의미여, 50이 되면 순명이라 하여 하늘의 뜻에 따라 순응해야 한다고 했다. 불혹의 나이에 덕을 갖추고 겸양의 지혜가 있어야 키우는 자식에게 꿈과 희망을 심어주는 어버이가 될 수 있다. 항상 솔선수범하여 행동으로 가르쳐야 가장 으뜸의 교육이라 생각한다.

재독 교포 작가 이미륵 박사의 자전적 소설인 '압록강은 흐르고 있다'를 읽으면서, 일제치하에서 홀로된 채 외동아들을 키우고 어린 나이에 독일로 유학을 보내는 과정에서 그 어머니의 사랑과 지혜가 담긴 글을 보았다. 독일에서는 이미륵 박사의 독일어 소설이 불후의 명작으로서 독일의 국정교과서에 소개되는 영광스런 작품이 되었고, 후일에 우리말로 번역되고 영화가 제작되는 것으로 알고 있다.

그의 어머니는 세빈이 나이 또래인 4~5세부터 항상 잠들기 전에 머리맡에서 책을 읽어주고 자식의 꿈과 상상력을 길러주기에 힘을 쏟았고 매사에 독립심과 인내심을 키우는 일에 과감하였더구나.

그 어머니의 유명한 말이 있다.

"아가야, 이제부터는 혼자 가거라."

품에 안고 비벼 대며 같이하고 싶은 사랑하는 자식임에도 멀리 타국으로 공부하러 가는 아이에게 들려준 얼마나 힘들고 값진 이별의 말이었는가.

내가 너희들을 키울 적에는 감히 해보지 못한 것이기에 회한스럽고 자책한들 이제 무슨 소용이 있겠냐마는 이제라도 후회 없도록 실천해 보기 바란다.

중국 고사에 월나라에서 온 새는 항상 월나라 쪽을 보고 나무 위에 앉으며 변방에서 온 호마는 항상 북쪽 바람을 향해 서 있다고 했다. 고향의 부모를 기리고 닮은 새끼들의 이야기는 부모를 닮고자 하는 자식들의 모습이라는 의미가 있단다.

인간은 현재의 편안함과 즐거움에 빠져서 나태해지기 쉬운 본성이 자리하고 있어서 오늘의 일을 뒷날로 미루려는 습성이 있으나 자식에게 보내는 끝없는 어버이 마음으로 헌신하고 희생하는 정신으로 반드시 실천하는 오늘을 살아야 할 것이다.

이 책을 마무리하면서 끝으로 보낸 글이다.

비옥한 토양이 되어 주길 바란다. 몸과 마음이 함께 든든해야 함은 아주 기본적인 일이므로 명심 또 명심하기 바란다.

오랫동안 생각만 해 오며 미루다 미루다 조각조각 흐트러진 생각들을 모아서 한 권의 책으로 엮으면서 미국에서 오랫동안 자란 외손주 연수, 태규에게 그동안 함께 살아오지 못한 할아버지의 미안한 마음을 조금 덜었다. 훌륭한 성인이 되어서 내 마음을 이해하기 바란다.

눈에 넣어도 아프지 않을 손자 세빈이가 10여 년 세월이 흐른 뒤 이 책을 읽고 또 읽어서 할아버지의 꽃피는 마음을 이해하고 그 뜻을 따르리라 믿는다. 그리고 아버지의 흔적을 내 자식들에게도 남길 수 있게 되어 흐뭇하고 기쁘다.

고희(71세)부터 시작한 후반부 아버지의 제2막 인생을 힘차게 살아갈 것을 약속하고 그 희망을 남겨주고 싶었다. 그리고 아이들의 앞날에 응원가를 보낸다. 또한 그동안 내 곁에서 격려해 주며 컴퓨터 작업을 기꺼이 도와준 아내 김양자 님에게 깊은 감사의 마음을 보낸다.